对外汉语本科系列教材

语言技能类　一年级教材

汉语教程 第3版

HANYU JIAOCHENG

第三册 上

杨寄洲 编著
杜 彪 英译

北京语言大学出版社
BEIJING LANGUAGE AND CULTURE UNIVERSITY PRESS

图书在版编目（CIP）数据

汉语教程 . 3. 上 / 杨寄洲编著 ；杜彪译 . -- 3 版 . -- 北京 ：北京语言大学出版社，2016.12（2024.8 重印）

ISBN 978-7-5619-4773-9

Ⅰ. ①汉… Ⅱ. ①杨… ②杜… Ⅲ. ①汉语－对外汉语教学－教材 Ⅳ. ① H195.4

中国版本图书馆 CIP 数据核字 (2016) 第 286929 号

汉语教程（第 3 版）第三册 上

HANYU JIAOCHENG (DI 3 BAN) DI-SAN CE SHANG

责任编辑：付彦白　　英文编辑：侯晓娟
插图绘制：丁永寿　李慧麟
排版制作：北京创艺涵文化发展有限公司
责任印制：邝　天

出版发行：北京语言大学出版社
社　　址：北京市海淀区学院路 15 号，100083
网　　址：www.blcup.com
电子信箱：service@blcup.com
电　　话：编辑部　8610-82303647/3592/3724
国内发行　8610-82303650/3591/3648
海外发行　8610-82303365/3080/3668
北语书店　8610-82303653
网购咨询　8610-82303908
印　　刷：天津画中画印刷有限公司

版　　次：1999 年 11 月第 1 版
2006 年 6 月第 2 版
2016 年 12 月第 3 版
开　　本：787 毫米 × 1092 毫米　1/16
印　　张：15.5
字　　数：230 千字
印　　次：2024 年 8 月第 8 次印刷
定　　价：42.00 元

PRINTED IN CHINA
凡有印装质量问题，本社负责调换。售后 QQ 号 1367565611，电话 010-82303590

前 言

《汉语教程》是为来华留学的汉语学习者编写的一套综合汉语教材。1999 年初版，2006 年再版。十多年来，一直被国内外很多教学单位选作教材。编者满怀感恩之情，深知责任之重。

《汉语教程》出版后的十多年来，科技快速进步，经济迅猛发展，中国社会发生了巨大的变化。教材原有的某些内容和词汇显然已经过时，亟须更新和修订，以适应教学的需要。

因此，我们在《汉语教程》2006 年修订本的基础上又一次进行了修订。此次修订的原则是：

一、保持《汉语教程》原有的风貌，秉承其“好教、好学、好用”的优点。

二、以新内容和新词汇替换教材中已经过时的内容和词汇。

三、对教材中某些板块进行适当的调整和补充。

四、新增配套的《同步学习指导》，以便更好地指导学习者学习、使用本教材。

第 3 版《汉语教程》共三册（每册含上、下两分册），76 课。可供设有本科学历教育的教学单位使用一年。非学历教育的教学单位，可以根据自己的教学对象和教学目标灵活使用。

具体说明如下：

适用对象：

零起点的初级汉语水平学习者。

课时要求：

第一、二册（50 课）供一年级第一学期使用，其中：

第一册（25 课）建议课时为：每课 2 学时（每学时 50 分钟）。

第二册（25 课）建议课时为：每课 4 学时。

第三册（26 课）供一年级第二学期使用，建议课时为：每课 6 学时。

本教程的指导思想是，对零起点的一年级学生，以语音、语法、词语、汉字等语言要素的教学为基础，通过课堂讲练，逐步提高学生听说读写的言语技能，培养他们用汉语进行社会交际的能力，同时也为他们升入二年级打下基础。

第3版《汉语教程》从内容到形式都有诸多新亮点。我们追求的目标仍然是让这套已有十余年历史的汉语教材更加“好教、好学、好用”，使其能更好地为汉语国际教育事业服务。

此次修订，我们在充分调研的基础上，听取了一些专家和教师的意见和建议，北京语言大学出版社也给予了大力支持，在此我们表示诚挚的感谢。

希望使用本教程的老师和同学们多提意见和建议，以便我们不断改进和更新。

编　者

2016年3月

Preface

Chinese Course is a series of comprehensive Chinese learning materials designed for international students studying in China. The first edition was published in 1999, and the second edition in 2006. Over the years, it has been used by many educational institutions in China and abroad. The authors are full of gratitude and aware of the responsibility they are shouldering.

The ten-plus years since the publication of *Chinese Course* has witnessed fast advances in science and technology, rapid economic development and tremendous changes in the Chinese society. Certain content and vocabulary in the original edition are apparently out-of-date, needing to be updated and revised to meet the needs of teaching and learning.

Therefore, based on the 2006 edition, we've made another revision following the principles below:

1. Keeping the original style of *Chinese Course* and its superiorities of being "easy to teach, learn and use";

2. Substituting new content and vocabulary for the outdated ones in the books;

3. Making proper adjustments and supplements to certain sections in the books;

4. Adding a matching *Learning Guide* to give students better directions for studying and using each book.

The third edition of *Chinese Course* is composed of three levels (each including sublevels A and B), 76 lessons in total. For institutions granting undergraduate degrees, it takes one year to finish; for non-degree-granting institutions, teachers can use the books flexibly based on their instructional targets and goals.

The specifics are as follows:

Targeted at:

Beginning- and elementary-level Chinese language learners.

Class hours:

Books 1 and 2 (50 lessons) are for the first semester of the first year. It is suggested that each of the 25 lessons in Book 1 take two class hours (1 class hour = 50 minutes) and each of the 25 lessons in Book 2 take four class hours.

Book 3 (26 lessons) is for the second semester of the first year. It is suggested that each lesson take six class hours.

The guiding concept of this series is to gradually improve the language skills of beginners in their first year in listening, speaking, reading and writing, to cultivate their Chinese communication abilities and meanwhile to lay a foundation for their study in the second year through classroom instruction and practice based on the teaching of linguistic elements such as pronunciation, grammar, vocabulary and Chinese characters.

The third edition of *Chinese Course* has many new highlights in terms of content and form. The goal we are striving for is still to make this over 10-year-old series of Chinese learning materials "easy to teach, learn and use" so that it can better serve the cause of international Chinese education.

This revision is based on a lot of research and the opinions and suggestions from experts and teachers and has received great support from Beijing Language and Culture University Press. We hereby express our sincere gratitude.

We look forward to opinions and suggestions from all the users, including teachers and students, which will help us keep improving and updating.

The authors

March, 2016

致教师

《汉语教程》（第 3 版）第三册（上、下）共 26 课，供大学本科一年级下学期的来华留学生和同等水平的汉语学习者使用。

第三册的教学重点仍然是课文，其次是词语的用法。教学的主要任务是：通过课文和词语的讲练，扩大学生的词汇量，培养学生成段表达的能力，把学生听说读写的言语技能和言语交际能力提高到一个新水平。

课堂上要求学生弄懂课文的内容，课下要多读，每课课文要大声朗读 10 遍以上。实践证明，多数学生只要认真朗读六七遍就能够背说下来。这是课堂教学一个非常重要的目标，也是提高学生汉语表达能力的主要手段，必须严格要求，务求达到目的。

词语教学要求学生对学过的词语能够理解语义，掌握用法。达到此目的的主要手段就是多练习。本教材设计了丰富多样的练习，要求学生自己先做一遍，然后教师再带领学生共同做一遍，一方面复习，一方面检查修改学生所做练习的错误。

第三册每课的课时要求是 6 个学时（每学时 50 分钟）。当然，不同的教学单位完全可以根据自己的教学对象和教学目的灵活掌握，我们这里提的要求是针对本科生而言的。本科学历教育，如果一年级达不到规定的要求，升入二年级就可能跟不上，所以必须按照大纲的要求，完成一定的教学量。

《汉语教程》（第 3 版）第三册由以下几部分组成：课文、生词、注释、词语用法、练习。下面分别加以说明：

一、课文

第三册的课文以记叙文为主，内容多是反映中国当代社会生活的小故事。课文教学承担着听说读写这四项言语技能的训练任务。以下所列项目，都是围绕课文教学展开的。

二、生词

第三册上每课生词控制在40个左右，第三册下每课生词控制在60个左右，以更好地实现从一年级到二年级的过渡。第三册共出生词约1400个。

三、注释

注释部分主要解释课文里的一些难点。有些属于词组和短语，学生在词典里不易查到；有些属于文化背景知识。

四、词语用法

每课选了五六个重点词语，讲解它们的用法。为更好地方便教师教学，第三册几乎每课都做了近义词语的用法对比。

五、练习

第三册的练习项目包括：回答课文问题、语音、词语、选词填空、完成句子、完成会话、连句成段、改错句、情景表达、综合填空、交际会话等。下面我们逐个介绍这些练习项目的设计目的和做法：

1. 回答课文问题

这是一个传统练习项目，也是一个课堂上最常用的行之有效的练习。为了强调课文的重要性，此项练习我们仍放在每课课文的后边。课堂上要求学生口头回答，课下则要求学生笔头回答，以培养学生写的能力。

2. 语音

这一部分包括两项内容：

一是辨音辨调。目的是让学生掌握本课所学词语的正确读音。需要说明的是，到了这一阶段，语音练习主要应该放在课文的朗读和复述上，第三册教材的语音练习仅仅是一种提示，提示大家到了这个阶段也不要忘记语音教学。实际上，最重要的是读课文，把课文读正确了，读熟了，语音问题就迎刃而解了。

二是朗读。这部分都是谚语、成语、名句、诗词等，我们当然希望学生能在老师的帮助下弄懂这些词语或句子的意思，以便引起他们朗读的兴趣，但是，教学中不必提出这样的要求，即使他们不懂这些词句的意思，只是读一读，也很好。不过，从教学实践中观察，学生们对这些词句很感兴趣，好学的学生都主动地问老师，当他们懂了这些词语或句子的意思以后，便能认真地去读，甚至认真地去记。

3. 词语

我们把课文中出现的重要词语组成新的词组，目的是让学生以此学会组词组，在随意学习和随意记忆中扩大自己的词汇量，当然也有认读汉字的作用。

4. 选词填空

这个练习，有的课是两项。一是选择本课所学的词语，目的是复习本课所学词语，练习怎么造句；二是分辨一些近义词的意义和用法。

5. 用括号里的词语完成句子

第三册学到的重点词语，很多都是支撑一个复句的，为了练习这些词语的用法，就要给学生提供相应的语境。完成句子就是给学生提供语内语境（上文或下文），让学生根据某个词语或结构来做出另一半，能表达一个完整的意思。

6. 用括号里的词语完成会话

有些词语在交际中，不仅不可能在单句中出现，甚至也不可能在一个复句中出现，它需要更多的背景交代和铺垫，所以我们设计了这个练习，以便更合理真实地练习所学词语。

7. 连句成段

我们知道，到了短文教学阶段，教学中遇到的一个突出难题就是学生单句可能说得对，但是一旦需要连句成段时就会出错。为了逐步培养学生语段（超句子）的表达能力，我们设计了这个练习项目。这个项目是培养学生语段表达的一个尝试。实践证明，效果是好的。

8. 改错句

改错句是对外汉语教学不能忽视的一个重要内容。我们认为，学生应该从这些错句中领悟汉语语法和词语的用法，通过老师的指导和讲解，提高造句能力。只有认识到了错误，才能改正错误，走向正确。这一练习要求在老师的指导下做。

9. 情景表达

这个练习包括两项：

一是提供一个常用句，这个常用句是学生学过的，或者是能理解的，然后让他们说出这个句子可能是在什么时候说的，为什么说的，谁说的，对谁说的，以及说这个句子时的表情和心情等。也就是说，让学生把这个句子出现的语境说出来。这一项是重点，当然也有练习成段表达的作用。

需要提醒的是，在做本书其他练习时，也可以适当采用这种方法。由于教材篇幅的限制，例句和练习多是以单句的形式出现的，因此，让学生明白并理解这些单句的语境就十分必要。不然他们就会对如何运用这些句子进行交际感到困惑。

二是设置一定的语境，要求学生说出在这个语境中应该怎么说。这个练习比较简单，但是很有用。

10. 综合填空

这个练习的目的是培养学生对一篇文章的整体把握能力，培养学生逐步体会并掌握汉语的语感。这是比“连句成段”更进一步的练习。因为是综合性的，所以要求填写的内容除了一些已经学过的体现一定语法点的功能词以外，还有一些常用的实词，如代词、动词、形容词等。填空完成以后，就是一篇有意思的小短文。所以教师要引导学生利用这篇短文，练习阅读、朗读和复述。

11. 交际会话

这个练习是围绕当课内容，给出1～2组常见功能的交际会话示例，让学生自由习得。学生可以通过自学，理解记忆。

以下我们就《汉语教程》（第3版）第三册的课堂教学提几点建议，供老师们参考。

一、关于词语的讲练

生词处理的方法和步骤：

1. 听写生词

有的老师可能觉得一次让学生预习五六十个生词太多了。根据我们的教学实践，并不能得出这样的结论，一次预习，多次复习，对学生并没有造成太大的压力，大多数学生接受这种学习方法。

课堂上要听写生词。每个学生都有机会到黑板前边去听写，一课书有五六十个生词，可以由五六个学生来完成。每人写十来个（不要课前规定或指定）。下一课，再让另外五六个学生来听写。这样做，能把全班学生预习生词的积极性调动起来。

2. 领读生词

目的是让学生准确掌握生词的语音语调。

3. 认读生词

让学生自己认读本课的生词，要求发音正确。

4. 讲练生词

把生词组成词组和句子，大声领着全班同学说。这对老师来说就是讲，对学生来说是在理解中学习，在理解中操练。凡是课文中的重点句，在领读中，还要让每个学生都说一遍。多重复就能加深印象和记忆。

5. 词语的讲法

要讲清楚一个词的意思。这在初级阶段是很难的，一些形象词语可以借助图片、实物、动作、表情等来演示，对一些抽象词语，就要从搭配和用法上多下功夫。一个词，总有它的语用环境，词语不会孤立地存在。因为词语并不是语言交际的基本单位，所以，讲词语一定要告诉学生这个词语所在的语言环境。语言环境有语内环境，也有语外环境。在语内环境方面，主要是要讲清楚这个词前后都有什么词与之相搭配，是怎么组成一个句子的，我们课堂上对词语的处理，主要是这方面的内容。

（1）名词

要给它一个相应的量词。例如：船、彩虹，要加一个“条、道”，教学生说“一条船、一道彩虹”。还要带领学生说句子：“湖中间有一条船。”“天空中出现了一道彩虹。”

（2）量词

要给一个量词配以相应的名词。例如：块，要说“一块面包、一块巧克力”。

（3）动词

讲动词要同时带出与之相搭配的宾语。例如：参观，要说“参观工厂 / 学校 / 医院 / 博物馆”等。

（4）常见动宾式词组或离合词

要给出相应的状语。例如：打招呼，要告诉学生，不能说“打招呼朋友”，要说“跟朋友打招呼”。打交道，要说“跟别人打交道”。毕业，可以说“大学毕业”，不能说“毕业大学”。见面，要说“我去跟朋友见面”，不能说“我去见面朋友”。

（5）形容词

要给作定语的形容词一个中心词。例如：美丽，可以说“美丽的姑娘”，不能说“美丽的小伙子”。漂亮，可以说“漂亮的姑娘”，也可以说“漂亮的小伙子”。甜蜜，可以说“甜蜜的生活”“甜蜜的爱情”，不能说“甜蜜的水果”。要给作状语的形容词一个动词中心词。例如：偶然，“偶然发现”“偶然遇到一个老朋友”。要给作谓语的形容词一个状语。例如：满意，“我对这里的环境很满意”。要给作宾语的形容词一个动词。例如：遗憾，“感到很遗憾”。

（6）副词

副词在句中常常作状语，因此要给它一个相应的动词或形容词。例如：偷偷，“偷偷地走了”；渐渐，“天气渐渐暖和了”；一齐，“大家一齐唱”“一齐读”；白，“白等了一个小时”。

应该注意到，到了这个学习阶段，一些副词不仅出现在单句中，也往往支持一个复句。例如：“首先、说不定、幸亏、多亏、悄悄”等，一般出现在前半句；“特地、终于、只好、尤其、不禁、不由得、却”等一般出现在后半句；“难道”等，一般出现在反问句中。这些都是有规律可循的。

（7）连词

很多连词连接的都是复句，这就要用例句来讲解。例如：“即使……也……、不论……都……、连……也……、再说、不过、除非、何况、可是、总之、并且”等，都要连接两个分句。“既然、即使、如果、要是、哪怕、不但”等，一般出现在第一个分句中，而“果然、不料”等，一般出现在复句的第二个分句中。

为了增加学生的词汇量，又不增加学生的负担，课堂上要有意识地补充一些相关的词语。补充这些词语，可以使学生在轻松的气氛中不知不觉地学到一些新词。例如，学到一个形容词时，可以给出这个词的反义词。学习“粗”，可以给“细”；学习“犹豫”，可以给“坚决”等。同时，还可以给学生适当地扩展。例如，学习了“好看”，可以给“好听、好吃、好喝、好玩儿”等，当然也可以给“难看”；学习“亲手”可以给“亲耳、亲口、亲身、亲笔、亲自”等。这种做法符合随意记忆的原理，可以收到意想不到的教学效果。

学过外语的人都知道，有的词费力去记却记不住，可是有的词只遇到一次不经意中就记住了，这种情况，就是随意学习、随意记忆的结果。

要用例句讲练。要让学生懂得这个例句的意思，大部分句子只要学生懂得了意思，就知道怎么用了，因为句子的语境很清楚，是学生的知识背景完全能理解的。例如：“放假了，同学们都陆续回国了。”还有些句子，涉及的语境学生可能就不容易理解，除了让学生明白句子的意思以外，老师还要引导学生明白这个句子的语外环境。例如，这样一个没头没尾的句子：“我这么一说，她顿时觉得不好意思起来。”这个句子不难懂，但是“我”到底说了什么，“她”为什么不好意思，都值得深入挖掘，要引导学生结合自己的生活经验，举例来充实这个句子，也就是说，要说明使用的语境。如果让学生把这个句子的使用语境说出来，不仅能培养他们用汉语思维的能力，而且也能促使他们进行成段表达，因为必须说一段话才能交代清楚这个句子应该在什么时候、什么情况下使用。

二、关于课文的讲练

课文的讲练既可以采用“听说”，也可以采用“读说”，不管哪种方法，课堂上都要落实到让学生开口说汉语这个关键环节上。

1. 听说

重点练习学生听力理解的能力。听说就是老师先讲一遍课文的故事，再提几个问题，检查学生是否听懂了。在学生听懂的基础上，可以分段复述课文。这种方法要求学生要充分地预习课文的生词和语法。在上课前都应该把课文的内容弄懂。优点是，如果能做到做好，效果明显，学生学得扎实。缺点是老师和学生都要下很大功夫，课堂教学的难度较大。

2. 读说

读说就是老师在处理完生词以后，就打开书领读课文。领读以后，先让学生找出自己不懂的地方，向老师提出质疑，老师答疑。为什么要这样做呢？目的是创造课堂交际的氛围。把讲解变成师生互动的课堂教学行为，师生之间有真实的交际，而不是由老师一个人唱独角戏。课堂上一定要以学生为中心，由学生唱主角。老师在答疑以后，也可以就课文提出一些问题，让学生回答，检查学生对课文到底理解了没有。这就把讲解变成了师生共同参与的双向教学活动。老师的问题可以分步提问，由浅入深，逐步加深。师生在一问一答中进行课文的讲练。如果学生把老师的问题都回答对了，课文的内容也就弄懂了。课文的讲解和操练是同时进行的。然后还可以让学生读一遍或两遍课文，老师纠正学生发音、声调、语调和断句等方面的错误。这种方法适用于大多数班级。比起听说法来，这种方法比较可行。缺点是，有些学生会产生很大的依赖心理，自己不预习，单等预习好的学生提问或回答。因此，老师要避免出现课堂上只有几个学得好的学生问和答，而其他学生只做看客，似懂非懂地被动地听别的学生说的情况。要让每个学生都提问，都问答，以尖子学生带动全班。

3. 演讲与复述

这种方法要求学生在具备一定的自学能力之后，自觉地、主动地学习。课前一定做好预习，把课文几乎能背说下来。或者按照课文，分好角色，让学生根据自己的准备，讲一讲自己担任角色的故事。应该说，学得好的学生或想学好的学生应该采用这种方法。对学习第三册的学生来说，汉语的基本语法已经学完，课文的生词都做了翻译，重点词语也已经在课后做了解释和说明，提供了丰富的例句，完全可以借助词典，借助课文录音，自己学习。课堂上的任务就是充分地练习，实践和检查自己预习的效果，纠正自己在课文理解或语音方面的错误。如果采用这种方法，课堂教学将是一个大的突破，教学效果将大幅度地提高。老师的任务就是组织学生演讲和相互提问，帮助理解课文内容。课堂上就是师生之间和学生与学生之间的对话，大大减少了老师讲解的量，也大大增加了学生开口说话的时间，会收到良好的教学效果。这种方法比较适合学生积极性高、学习自觉性强、能够主动地学的班。

三、关于写的建议

进入短文阶段，教师要有意识地培养学生写的能力。我们这里所说的写的训练包括：

1. 听写

要求老师每天都有课堂听写练习。听写的内容包括由本课重点词语造出的复句或课文中的某一语段。

2. 写话

（1）要求学生模仿或参照课文写一段话。例如：学习了《离家的时候》，让学生写自己离家的情景；学习了《一封信》，让学生给爸爸妈妈写一封信；学习了《恋爱故事》，让学生以故事中某个人物的口气写一段话等。

（2）要求学生写自己的故事，写自己的所见所闻、所思所想，这就是最初的创作。开始可以要求写四五句话，写一二百字，只要坚持，就能逐步提高，学生必须写自己的真情实感（不能抄写现成的文本）。最好一周能写一篇（也可采取自愿原则），写好后交给老师批改。如果学生写得有意思，还可以在课堂上进行交流，从而把写与说结合起来。

这样，就可能为学生升入二年级以后的写作打下一个好的基础。

写，也是培养学生成才的要求。我们认为，学生听懂会说固然重要，但没有一定的读写能力，是不可能成才的。因此，在提高学生听说能力的同时，必须努力加强读写能力的训练。使听说与读写相互促进，共同提高，从而最终培养出合格的汉语人才。

编　者

2016年3月

目　录
Contents

Dì-yī kè
第一课
Lesson 1

Lí jiā de shíhou
离家的时候
At the moment of leaving home

一 课文 Kèwén Text

01-1

我很早就希望能有机会来中国学习汉语，现在这个愿望终于实现了，心里有说不出的高兴。

从去年夏天起，我就忙着联系学校，办各种手续，可是，这一切都是瞒着我父母做的。我是独生女，如果把这件事告诉父母，他们多半不会同意，因此，我只跟朋友和教我汉语的老师商量，把一切手续都办好以后才告诉他们。他们听了，果然不大愿意。爸爸说："你现在的工作不是挺好吗？"妈妈说："你不打算结婚啦？"

说实话，对于将来要做什么，我还没想好。可是现在，我就是想学汉语，想到中国——这个古老而又年轻的国家去看看。我对父母说：“我已经长大了，就像小鸟一样，该自己飞了。我要独立地生活，自由自在地去国外过一年，然后再考虑今后的打算。”父母知道我的性格，决定了的事情是不会改变的，而且他们也觉得我的想法是对的，就只好同意了。

妈妈要我到中国以后，每个星期都给她打一次电话。爸爸说：“最好常常跟我们视频聊聊天儿，告诉我们你在中国的一切。”我答应了。临走前，他们给我买了好多东西，拼命地往我的箱子里塞。

爸爸开车把我送到机场。离别时，他远远望着我不停地挥手，妈妈也在擦眼泪。看到父母恋恋不舍的样子，我的眼泪也一下子流了出来。

到中国以后，父母总是嘱咐我要注意身体，注意安全，努力地学习，愉快地生活。

为了表达我对他们的爱和想念，也为了让他们放心，我也常跟他们说我在中国遇到的有趣的人和事，有时逗得他们哈哈大笑。

回答课文问题　Answer the questions according to the text

（1）“我”现在在哪儿？“我”为什么“心里有说不出的高兴”？
（2）“我”为什么要来中国？
（3）“我”办留学手续为什么要瞒着父母？
（4）父母为什么不太愿意“我”到中国来？后来为什么又同意了？

（5）父母对“我”提出了什么要求？
（6）请说一说你自己离家时的情况（qíngkuàng, situation）。

二　生词 Shēngcí　New Words

01-2

1. 愿望	yuànwàng	（名）	desire; wish; aspiration
2. 终于	zhōngyú	（副）	finally; at last
3. 实现	shíxiàn	（动）	to realize; to fulfil; to come true
4. 联系	liánxì	（动）	to contact
5. 瞒	mán	（动）	to hide the truth from
6. 独生女	dúshēngnǚ	（名）	only daughter
7. 多半	duōbàn	（副）	the greater part; more likely
8. 因此	yīncǐ	（连）	so; therefore; for this reason
9. 果然	guǒrán	（副）	as expected; sure enough; really
10. 实话	shíhuà	（名）	truth
11. 对于	duìyú	（介）	with regard to; concerning; to
12. 古老	gǔlǎo	（形）	ancient; age-old
13. 而	ér	（连）	(*used to connect two elements opposite in meaning that show a contrast*) but; (*used to connect two parts that are consistent in meaning*) and
14. 鸟	niǎo	（名）	bird
15. 独立	dúlì	（动）	to be independent
16. 自在	zìzài	（形）	unrestrained; free
17. 国外	guówài	（名）	overseas; abroad
18. 考虑	kǎolǜ	（动）	to consider

19. 今后	jīnhòu	（名）	in future; from now on
20. 事情	shìqing	（名）	thing
21. 改变	gǎibiàn	（动）	to change
22. 想法	xiǎngfǎ	（名）	idea
23. 视频	shìpín	（名）	video
24. 临	lín	（介）	just before
25. 拼命	pīnmìng	（副）	with all one's might; desperately
26. 塞	sāi	（动）	to fill in; to stuff
27. 离别	líbié	（动）	to leave; to depart
28. 望	wàng	（动）	to look at; to look over
29. 挥	huī	（动）	to wave
30. 眼泪	yǎnlèi	（名）	tear
31. 恋恋不舍	liànliàn-bùshě		unwilling to part with
32. 嘱咐	zhǔfù	（动）	to enjoin; to advise; to urge
33. 表达	biǎodá	（动）	to express (one's ideas or feelings); to convey; to voice
34. 想念	xiǎngniàn	（动）	to miss
35. 放心	fàng xīn	（动）	to set one's mind at rest
36. 逗	dòu	（动）	to provoke (laughter, etc.); to amuse
37. 哈哈大笑	hāhā-dàxiào		to laugh

三 注释 Zhùshì Notes

1 说实话 to tell the truth

用来引出下文，说明自己真实的想法和感情。也说“说心里话”“说真的”。例如：

"说实话", also "说心里话" or "说真的", is used to introduce the words that follow, usually one's true opinions, ideas or feelings, e.g.

（1）说实话，今天老师讲的我有的地方没听懂。

（2）说实话，我也是第一次来这个地方。

（3）说实话，我一点儿也不想去。

2 自由自在地去国外过一年 to live freely abroad for a year

"过一年"就是生活一年。

"过一年" means "to live for a year".

3 我的眼泪也一下子流了出来。 Tears suddenly welled up in my eyes.

"一下子"用来作状语，表示动作很快，时间很短。强调在很短的时间内动作完成、情况出现或变化发生。例如：

"一下子" is used as an adverbial. It indicates that an action, a circumstance, or a change takes place, emerges or finishes quickly, e.g.

（1）几年不见，他一下子长这么高了。

（2）一过"五一"，天一下子就热起来了。

（3）她没走好，一下子从楼梯上摔下来了。

四 词语用法 Cíyǔ yòngfǎ　Usage

1 终于 zhōngyú（副）finally; at last

表示经过较长时间的努力或等待，最后出现了某种结果。这种结果多为希望得到的。例如：

"终于" is used to indicate a result, usually an expected one, finally appears after a long time of efforts or expectation, e.g.

（1）我很早就希望能有机会来中国学习汉语，现在这个愿望终于实现了，心里有说不出的高兴。

（2）经过努力，他终于考上了大学。

（3）我很早就想看看长城，今天我终于看到了。

（4）她当翻译的愿望终于实现了。

2 一切 yíqiè（代）all; everything

表示全部、各种。可以作主语、宾语、定语，经常跟“都”搭配使用。作定语修饰名词时不能带“的”。例如：

“一切” means “all” or “every”. It can be used as a subject, an object or an attributive, often in concert with “都”. It cannot be followed by “的” when used as a noun modifier. For example:

（1）从去年夏天起，我就忙着联系学校，办各种手续，可是，这一切都是瞒着我父母做的。

（2）刚来时是有很多地方不习惯，但是现在一切都习惯了。

（3）这里的一切对我来说，都是那么有趣。

（4）我一切手续都办好了，就等机票了。

3 如果 rúguǒ（连）if

表示假设。多用于前一个分句开头。例如：

“如果” expresses a hypothesis. It is mostly used at the beginning of the first clause of a sentence, e.g.

（1）我是独生女，如果把这件事告诉父母，他们多半不会同意。

（2）如果有问题，可以来找我。

（3）如果你想学太极拳，就去报名吧。

（4）如果有时间，我一定去中国旅行。

“如果……”后边可以加助词“的话”。例如：

“如果……” can be followed by the particle “的话”, e.g.

（5）如果下雨的话，我们还去吗？

4 果然 guǒrán（副）as expected; sure enough; really

表示事实跟预想的或别人说的一样。用在谓语动词、形容词或主语前。例如：

"果然" indicates that the fact is just as expected or as described by others. It is used before predicate verbs, adjectives or subjects, e.g.

（1）我把出国留学的事告诉了父母，他们听了，果然不大愿意。

（2）听朋友说那个饭店的菜又好吃又便宜，我去吃了一次，果然不错。

（3）天气预报说今天有雨，你看，果然下起来了。

（4）大夫说吃了这种药我的病就会好的，我吃了药以后，果然病一天比一天好了。

5 对于 duìyú（介）with regard to; concerning; to

"对于"用于引进动作的对象或事物的相关者，多用在名词前，很少与动词、副词组合。例如：

"对于" is used to introduce the object of an action or something related. It is mostly used before a noun and is rarely used together with a verb or an adverb, e.g.

（1）说实话，对于将来要做什么，我还没想好。

（2）对于这个问题，大家都很感兴趣。

不能说：* 我们都对于这个问题感兴趣。

（3）对于工作，他是很认真的。

（4）多跟中国人谈话，对于提高汉语听说能力非常有帮助。

注意： 用"对于"的句子都能换用"对"；但用"对"的句子，有些不能换用"对于"。"对"直接引入的对象可以是人，而"对于"不能直接引入人。例如：

Note: "对于" can be replaced by "对" in any sentence; but in some sentences "对" cannot be replaced by "对于". The direct object of "对" can be a person, but that of "对于" cannot be. For example:

（1）大家对于这个问题的看法不一样。

可以说：大家对这个问题的看法不一样。

（2）朋友们对我很热情。

不能说：* 朋友们对于我很热情。

6 而 ér（连）and; but

"而"常见的意义和用法有两种：

The meanings and usages of "而" are as follows:

1. 书面语。连接两个并列的形容词或形容词词组，表示互相补充。例如：

"而" is used in written Chinese to link two parallel adjectives or adjectival phrases that complement each other, e.g.

（1）可是现在，我就是想学汉语，想到中国——这个古老而年轻的国家去看看。

（2）她是一个聪明而美丽的姑娘。

2. 连接形容词、动词、小句，表示转折。用法与"但是""却"相同。例如：

It is also used to link adjectives, verbs and clauses to indicate a turn in meaning. In this case, it is similar to "但是" and "却", e.g.

（3）这种水果好看而不好吃。

（4）我选择这家饭店，花钱少而吃得好。

（5）哈尔滨还很冷，而中国南方已经春暖花开了。

7 只好 zhǐhǎo（副）to have to; cannot but

表示（在某种情况下）没有别的选择，只能这样。例如：

"只好" indicates that (under some circumstances) one has no other choice but to do so, e.g.

（1）父母觉得我的想法是对的，就只好同意了。
（2）半路上忽然下起了雨，我没带雨伞，只好淋着雨往回跑。
（3）昨天晚上我回来时已经没有公共汽车了，只好坐出租车。
（4）我的手机摔坏了，只好再买一个。

五 练习 Liànxí　Exercises

1 语音 Phonetics 01-3

（1）辨音辨调　Distinguish the pronunciations and tones

终于	zhōngyú	充裕	chōngyù
心里	xīnli	心理	xīnlǐ
联系	liánxì	练习	liànxí
如果	rúguǒ	路过	lùguò
因此	yīncǐ	影视	yǐngshì
想念	xiǎngniàn	项链	xiàngliàn

（2）朗读　Read out the following poem

游子吟	Yóuzǐ Yín
［唐］孟郊	［Táng］Mèng Jiāo
慈母手中线，	Cí mǔ shǒu zhōng xiàn,
游子身上衣。	Yóuzǐ shēn shàng yī.
临行密密缝，	Lín xíng mì mì féng,
意恐迟迟归。	Yì kǒng chí chí guī.
谁言寸草心，	Shéi yán cùn cǎo xīn,
报得三春晖。	Bào dé sān chūn huī.

2 词语 Read out the following phrases

实现理想	实现愿望	实现不了
改变主意	改变计划	改变想法
有联系	没有联系	联系学校
办手续	办事	办签证
临出发	临上车前	临上飞机
拼命跑	拼命学习	拼命工作
跟父母商量	跟学校商量	跟朋友商量
请放心	不放心	放不下心

3 选词填空 Choose the right words to fill in the blanks

A. 恋恋不舍　如果　只好　果然　将来　终于　想念　联系　改变　嘱咐

（1）我早就想能有机会到长城去看看，今天这个愿望________实现了。

（2）大学毕业以后，我和她没有________过。

（3）________她知道了这件事，一定会不高兴。

（4）天气预报说今天有雨，你看，________下起来了。

（5）离开家以后，才知道我是多么________父母。

（6）妈妈总是________我要注意安全。

（7）我知道，如果把这件事告诉父母的话，他们多半不会同意，所以________瞒着他们。

（8）刚到中国的时候，有好多地方不习惯，但是现在要离开了，还真有点儿________。

（9）A：你________打算做什么？
B：我觉得我的性格当老师比较好。

（10）世界上的一切事情都在变化中，你不觉得人的性格也会________吗？

B. 着　了　的　到　给　把　好　地　下

（1）我收________了她从国外寄来的礼物。

（2）下班以后，她就忙________买菜、做饭。

（3）我把一切手续办________以后，才告诉她我要出国，她听了以后有点儿不大高兴。

（4）妈妈要我到中国以后，每个星期都________她打个电话。

（5）我很早就想爬上长城看看，今天这个愿望终于实现________，心里有说不出________高兴。

（6）临出发时，爸爸给我买________很多东西，拼命________往我箱子里塞。因为东西太多，箱子都装不________了。

（7）朋友开车________我送________机场，离别时看他恋恋不舍________样子，我的眼泪也流了出来。

（8）你知道我的性格，决定了的事情是不会改变________。

C.

（1）北京烤鸭很好吃，________不太贵。（而　而且）

（2）快考试了，大家都在忙着复习，________麦克却旅行去了。（而　而且）

（3）我大学毕业________，还没有跟她联系过。（以后　然后）

（4）我打算明天下午先去邮局寄包裹，________去银行换点儿钱。（然后　以后）

（5）我________先在这儿学两年汉语，然后去别的大学学习中国经济（jīngjì, economy）。（打算　愿意）

（6）我们打算星期天去爬山，你要是________就跟我们一起去。（希望　愿意）

（7）A：暑假你有什么________？
B：我还没________好呢。（打算　考虑）

（8）A：你________不________去云南？你要是想去，咱们一起去，怎么样？
B：让我________一下儿，然后再告诉你，好吗？（打算　考虑）

（9）科学家（kēxuéjiā, scientist）认为现在全球气候正在________暖。（改变　变）

（10）他们研究过了，可能要________原来的计划。（改变　变）

4 给括号里的词语选择正确的位置 Put the words in the brackets in the proper places

（1）这A就是B我要C告诉你的D。（一切）

（2）A刚到B中国的时候，感到C都是D那么新鲜（xīnxiān, fresh; new）。（一切）

（3）A那位老人B没走好，C摔倒了D。（一下子）

（4）我想A用B你的C词典D，可以吗？（一下儿）

（5）A他到B现在C还没来，D不来了。（多半）

（6）他A想多B睡C一会儿，D不是病了。（就是）

（7）这一个星期A我就收B到C五件礼物D。（了）

（8）我打算A放B假C就去南方旅行D。（了）

5 用括号里的词语完成句子 Complete the sentences with the words in the brackets

（1）刚来的时候我很不习惯，老师说，过一两个月就好了。现在，一个多月过去了，________________。（果然）

（2）大夫跟我说，坚持打一年太极拳，你的病就会好的。你看，我才打了半年，________________。（果然）

（3）那天，我迷路（mí lù, to lose one's way）了，________________。（只好）

（4）你看她的样子，________________。（多半）

（5）玛丽病了，同学们都来看她，________________。（嘱咐）

（6）经过努力，________________。（终于）

（7）________________大家还有不同意见。（对于）

（8）我哪儿都不想去，________________。（就是）

6 连句成段 Rearrange the sentences into paragraphs

（1）A. 尤其是冬天的星空，常常使我看得入迷

B. 我的家乡是一个美丽的小城

C. 每到晴天的夜晚，就可以看到明亮的星星

D. 小时候，我常爱看那美丽的星空

____

（2）A. 到中国以后我还是这样

B. 后来离开了家乡，我仍然经常想起家乡那美丽的星空

C. 常常一到晚上就不由得会抬起头来往天上看

D. 天空有没有明亮的星星

____

7 改错句 Correct the sentences

（1）这件事你对她不该瞒。

____

（2）我终于快到中国了。

____

（3）你可以把我作你的朋友。

____

（4）看到这种情况，我的眼里流了眼泪。

____

（5）因为买票太多人，我们没有买卧铺（wòpù, sleeping berth），只好买了硬座（yìngzuò, hard seat）。

____

（6）我放行李在飞机场的大厅里。

____

（7）她结婚了一个有钱人。

____

（8）我从小就是喝妈妈的牛奶长大的。

____

8 情景表达 Language and context

1. 下列句子什么情景下说？ In which situations do we use the following sentences?

（1）现在我的愿望终于实现了，心里有说不出的高兴。

（2）如果把这件事告诉她，她多半不会同意。

（3）看她那恋恋不舍的样子，我的眼泪也一下子流了出来。

2. 下列情景怎么说？ How do we describe or what do we say in the following situations?

（1）朋友请你帮帮她，你没有时间，但看到朋友着急的样子，你还是答应了。（只好）

（2）和男 / 女朋友离别时，你不想离开，眼泪都流了出来。（恋恋不舍）

（3）刚来中国，你觉得不习惯，特别想家。（想念）

9 综合填空 Fill in the blanks

补充生词 Supplementary words

①	戒指	jièzhi	(finger) ring
②	刻	kè	to carve; to engrave
③	分别	fēnbié	to say goodbye
④	异国他乡	yìguó tāxiāng	country other than one's motherland
⑤	鼓励	gǔlì	to encourage
⑥	孤独	gūdú	lonely; alone
⑦	后悔	hòuhuǐ	to regret
⑧	落	là	to fall behind

半年前，我临来中国时，朋友们一起①________我过了一次生日。当时，最让我难忘的是，大家送给我一个戒指，上面刻

②________一句话："我们都爱你。"看到这句话，我的眼泪一下子就流了③________。想到就要和朋友们分别了，我真有点儿恋恋不舍。但是，来中国留学的手续已经办好了，我只好与朋友分别，坐④________了飞往中国的飞机。

一个人来到异国他乡，⑤________都是陌生的，一切都感到不习惯。但是到中国不久，我就认识了不少新朋友。可以说，我能一直坚持学习到现在，除了国内的朋友支持我、帮助我、鼓励我以外，更重要的是因为有了这些新朋友。⑥________没有她们，我在中国的生活会是非常孤独和寂寞的。

刚到中国一个月，我⑦________生病住进了医院。在医院里，我感到非常寂寞，十分后悔到中国来。正在我感到非常孤独和寂寞时，我遇到了一位热心的中国大学生。⑧________与我同住一个病房，每天都邀请我一起下楼去吃饭、散步。我觉得心情一下子好多了。晚上，有时医院里还组织联欢会，每次大家都邀请我唱一支我们国家的歌。虽然我唱得不太好，但是大家听了都给我鼓掌，让我很感动。在病房里，这位朋友还教我学汉语，成了我的辅导老师。⑨________她的帮助下，我的功课并没有因为住院而落下。

出院后，朋友还邀请我到她家去玩儿，她的父母像对自己的女儿一样对待我，使我感到就像回到了自己家一样。认识了朋友这一家人，⑩________我对中国、对中国人有了更多的了解。

10 交际会话 Communication

请教（1） Consultation (1)

A：老师，我想去中国学汉语。

B：好啊！手续办好了吗？

A：还没有呢。我想请教老师，几月去比较好？

B：你准备学多长时间？

A：一年。

B：如果只学一年的话，还是从九月开始比较好。因为中国学校的新学年是从九月开始的。

A：我去以后读二年级可以吗？

B：根据你的情况，我想，最好从一年级开始，先把语音和语法基础打好了，对你今后的学习会更好。

Dì-èr kè
第二课 Lesson 2

Yì fēng xìn
一封信
A letter

一 课文 Kèwén Text

02-1

爸爸妈妈：

你们好！爸爸还那么忙吗？一定要注意身体啊！

你们寄来的生日礼物上星期就收到了。我现在一切都很好，吃得好，睡得好，学习也不错。你们就放心吧。

刚来时是有很多地方不习惯，但是现在基本上已经习惯了这里的生活。学习上也没有什么问题。中国人常说："在家靠父母，出门靠朋友。"我现在交了好多朋友。

今天给你们发过去的几张照片，第一张就是我们全班同学一起给我过生日的情景。我们班的同学分别来自亚洲、非洲、

欧洲、美洲、大洋洲等五大洲十一个国家。能跟这么多同学一起学习，认识这么多世界各国来的朋友，我感到非常高兴。大家一起学习，一起聊天儿，一起参加各种课外活动。同学们互相关心，互相帮助，非常团结。所以我每天都过得很愉快。站在我旁边那个高个子、黄头发、蓝眼睛的小伙子，就是我的好朋友，长得很帅吧？我们俩常常一起玩儿，还一起学打太极拳。

第二张就是我学打太极拳时拍下来的。现在我每星期有两个下午去体育馆学打太极拳。太极拳是一种很有意思的运动，动作柔和缓慢，优美舒展，又有增强体质、预防疾病的作用，所以，是一项很受欢迎的体育运动。我每次练完以后，都觉得全身特别舒服。回国后我想教爸爸妈妈学打太极拳。

第三张是我在用毛笔画画儿，写汉字。除了学习汉语以外，我还参加了一个书画学习班，学用毛笔写字、画中国画儿。我觉得十分有趣。上星期我画了一幅竹子，写了一首唐诗，老师说我画得很好，还把它拿去，挂在学校的展览橱窗里展出了，我看了以后觉得又高兴又不好意思。朋友们看到以后，都向我表示祝贺。

对了，我还学会了用筷子吃饭。最后一张就是我在用筷子吃饭。前天我们去吃北京烤鸭时，我让朋友把我用筷子吃饭的样子拍了下来，你们看看，怎么样？好玩儿吧？

爸爸妈妈担心北京的冬天太冷，怕我不适应，可是我一点儿也不觉得冷。也许北京也变暖和了吧。在家的时候，一到冬天我都会感冒一两次。现在来中国快半年了，因为每天坚持锻炼，一次病也没得过。

就写到这儿吧。我要跟朋友一起出去了。

祝爸爸妈妈身体健康！

玛丽

一月二十八日

回答课文问题　Answer the questions according to the text

（1）玛丽现在在哪儿？
（2）她现在生活得怎么样？
（3）她参加了一个什么班？
（4）她以前会用筷子吗？现在呢？
（5）她来中国多长时间了？
（6）介绍一下儿这几张照片。

二 生词 Shēngcí　New Words

02-2

1. 封	fēng	（量）	*a measure word for sth. sealed*
2. 上	shàng	（名）	preceding (in order or time)
3. 基本上	jīběnshang	（副）	basically
基本	jīběn	（形、副）	essential; fundamental; basically
4. 交	jiāo	（动）	to associate with; to be friends with
5. 分别	fēnbié	（副）	respectively; separately
6. 来自	láizì	（动）	to come from
自	zì	（介）	from
7. 等	děng	（助）	and so on; etc.
8. 洲	zhōu	（名）	continent
9. 课外	kèwài	（名）	extracurricular; after school
10. 关心	guānxīn	（动）	to have sb. or sth. on one's mind; to pay great attention to and care for; to be concerned about
11. 团结	tuánjié	（形）	united; solidarized
12. 站	zhàn	（动）	to stand
13. 个子	gèzi	（名）	height
14. 黄	huáng	（形）	yellow
15. 拍	pāi	（动）	to take (a photo)
16. 柔和	róuhé	（形）	soft; gentle; mild
17. 缓慢	huǎnmàn	（形）	slow
18. 优美	yōuměi	（形）	graceful; fine
19. 舒展	shūzhǎn	（形）	stretched
20. 增强	zēngqiáng	（动）	to strengthen; to enhance

21. 体质	tǐzhì	（名）	physique; constitution
22. 预防	yùfáng	（动）	to take precautions against; to guard against; to forestall
23. 疾病	jíbìng	（名）	disease
24. 作用	zuòyòng	（名、动）	impact; result; to act on; to affect
25. 项	xiàng	（量）	*a measure word for itemized things*
26. 后	hòu	（名）	after; afterwards
27. 书画	shūhuà	（名）	painting and calligraphy
28. 竹子	zhúzi	（名）	bamboo
29. 诗	shī	（名）	poem; poetry
30. 橱窗	chúchuāng	（名）	show window
31. 展出	zhǎnchū	（动）	to exhibit; to display; to show; to put on display
32. 表示	biǎoshì	（动、名）	to show; to express; to indicate; words, actions or air expressing one's ideas and feelings
33. 筷子	kuàizi	（名）	chopsticks
34. 好玩儿	hǎowánr	（形）	amusing; interesting
35. 适应	shìyìng	（动）	to suit; to adapt to
36. 健康	jiànkāng	（形）	healthy

专名 Zhuānmíng　Proper Nouns

1. 亚洲	Yàzhōu	Asia
2. 非洲	Fēizhōu	Africa
3. 美洲	Měizhōu	America(s)
4. 大洋洲	Dàyángzhōu	Oceania
5. 唐	Táng	Tang Dynasty (618—907)

三 注释 Zhùshì　Notes

唐诗 Tángshī

唐代的诗歌。唐即唐朝（公元 618—907），是中国古代繁荣昌盛的朝代之一。都城是长安，即现在的陕西省西安市。

It refers to the Tang poetry. Tang Dynasty (618—907) was one of the prosperous dynasties in ancient China; its capital was Chang'an (present-day Xi'an in Shaanxi Province).

四 词语用法 Cíyǔ yòngfǎ　Usage

1 靠 kào（动）to rely on; to be close to

"靠"有三种含义。"靠" can be used in three ways.

1. 依靠。例如：

To depend upon, e.g.

（1）中国人常说："在家靠父母，出门靠朋友。"我现在交了好多朋友。

（2）她学习这么好，全靠自己的努力。

（3）他是靠奖学金读完大学的。

2. 接近或挨着某地方。例如：

To be close or next to a place, e.g.

（4）我的家乡，前边临着一条河，后边靠着一座山，是有名的风景区。

（5）屋子里，靠墙放着一张桌子。

3. 人或物体倚着其他人或物体。例如：

(Of a person or a thing) to lean on (another person or thing), e.g.

（6）别靠在我身上。

（7）他靠着沙发睡着了。

2 分别 fēnbié（副）respectively; separately

各自，不一起。副词“分别”有两种含义和用法：

Involving variety and diversity. The adverb “分别” has two different meanings and usages:

1. 采取不同方式，有区别地。例如：

Involving different manners, e.g.

（1）对不同情况，应该分别对待。

2. 几个主体对几个对象，各自，分头。例如：

Involving more than one subject or object, e.g.

（2）我们班的同学分别来自亚洲、非洲、欧洲、美洲、大洋洲等五大洲十一个国家。

（3）王老师和林老师分别找她俩谈了话，现在她俩的关系好多了。

3 各 gè（代）all; each; various

指在某个范围内的所有个体。用在名词或量词前。例如：

“各” refers to everyone/everything within a certain range. It is used before a noun or a measure word, e.g.

（1）能跟这么多同学一起学习，认识这么多世界各国来的朋友，我感到非常高兴。

（2）每天都有全国各地的旅游者来这里参观。

（3）请各班同学快上车，我们马上就要出发了。

用法对比：“各”和“每”

Compare：“各” and “每”

1. 都指所有的个体，但意义上的着重点不同。“每”着重于遍指，而“各”则着重于分指。例如：

Both refer to all, but the emphases differ. “每” means “every”; “各” is very close to “each”, e.g.

（1）<u>每 /* 各</u>个人都有自己的爱好。

（2）<u>每 /* 各</u>星期有一次太极拳课。

2. “各”可以直接加在一些名词前，“每”要带量词或数量词才能用在名词前（“人、家、年、月、日、天、星期、周”除外）。例如：

“各” can be used directly before some nouns, while “每” will have to be used with a measure word or a numeral-classifier compound before nouns (except “人”, “家”, “年”, “月”, “日”, “天”, “星期”, and “周”), e.g.

可以说：各国、各学校、各医院、各单位

不能说：* 每国、* 每学校、* 每医院、* 每单位

可以说：每个国家、每个学校、每个医院、每个单位

3. “每”可以和数量词结合，“各”不能跟数量词结合。例如：

“每” can be linked with a numeral-classifier compound, while “各” cannot, e.g.

（3）他每 /* 各一门课都学得很好。

4 **表示** biǎoshì（**动、名**）to show; to express; to indicate; words, actions or air expressing one's ideas and feelings

“表示”有动词、名词两种词性，常见的意义和用法有：

“表示” can be used as a verb and a noun. Its common meanings and usages are as follows:

1. 动词，用言语行为显出某种思想、感情、态度等。可以带“了”“过”，可以重叠，也可以带名词宾语和动词宾语。例如：

“表示” can be used as a verb which means to express an idea, a feeling, an attitude, etc. It may be followed by “了” or “过” and may be reduplicated. It may be followed by a noun or a verb as its object, e.g.

（1）朋友们看到以后，都向我表示祝贺。

（2）我送给老师一张照片，向老师表示感谢。

2. 动词，事物本身显出某种意义或者凭借某种事物显出某种意义。例如：

As a verb, “表示” also indicates that something itself shows a meaning or that a meaning is expressed through something, e.g.

（3）点头表示同意。

（4）他送你玫瑰花是表示对你的爱。

3. 名词，显出思想感情的言语、动作或神情等。例如：

As a noun, "表示" refers to words, actions or facial expressions that show somebody's feelings or emotions, e.g.

（5）你说了以后，他有什么表示？

（6）她这样做是友好的表示。

五 练习 Liànxí Exercises

1 语音 Phonetics 02-3

（1）辨音辨调 Distinguish the pronunciations and tones

个子	gèzi	各自	gèzì
放心	fàng xīn	烦心	fánxīn
柔和	róuhé	如何	rúhé
体质	tǐzhì	抵制	dǐzhì
预防	yùfáng	乙方	yǐfāng
竹子	zhúzi	出自	chūzì

（2）朗读 Read out the following phrases

诗中有画，画中有诗。 Shī zhōng yǒu huà, huà zhōng yǒu shī.

儿行千里母担忧。 Ér xíng qiānlǐ mǔ dānyōu.

2 词语 Read out the following phrases

上星期	上月	上周	上学期
学习上	工作上	生活上	班上
发微信	发照片	发邮件	发短信

起床后	下课后	吃饭后	回学校后
来自美国	来自亚洲	来自各国	来自上海
动作柔和	动作缓慢	动作优美	动作舒展
预防疾病	预防感冒	有作用	没有作用
表示感谢	表示满意	没有表示	爱的表示
很好玩儿	不好玩儿	不太适应	很难适应

3 选词填空 Choose the right words to fill in the blanks

课外　发　优美　表示　柔和　放心　适应　首　作用
预防　分别　好玩儿

（1）我在这里一切都很好，请爸爸妈妈________。

（2）我给你们________过去了几张照片，是我在长城、颐和园照的。

（3）我们班的学生，________来自七个国家。

（4）她不太喜欢参加这些________活动。

（5）她说话的声音很________，很好听。

（6）我们学校就在风景________的西山下。

（7）打太极拳可以锻炼身体，增强体质，________疾病。

（8）针灸和按摩对于这些慢性病有很好的治疗________。

（9）这是一________非常有名的唐诗。

（10）他一次又一次向我________他喜欢我，可是我已经有男朋友了。

（11）那是一个非常________的地方，这个星期我们去那儿玩儿玩儿吧。

（12）我还不________这里的气候，冬天太冷，夏天太热。

4 用括号里的词语完成句子 Complete the sentences with the words in the brackets

（1）我刚来中国时，觉得______________________________。（一切）

（2）我们________________________________，也许能找到。（分别）

（3）______________________________，我才找到这个地方。（靠）

（4）这个暑假我一定____________________________________。（各）

（5）____打太极拳。（每）

（6）他对我的帮助很大，我真应该_____________________。（表示）

5 用括号里的词语完成会话 Complete the dialogues with the words in the brackets

（1）A：我只对新的东西感兴趣。你呢？

B：我对这里的____________________________________。（一切）

（2）A：你们班的学生来自多少个国家？

B：我们班的同学________________________________。（分别）

（3）A：你觉得____？（讲课）

B：很好。他讲得又清楚又有意思。

（4）A：中药____？（作用）

B：当然有作用。我的病就是喝中药以后才好的。

（5）A：出国以后才知道，还是在家好。

B：可是，一个人不能_______________________________。（靠）

（6）A：你把礼物送给她以后，__________________________？（表示）

B：她很高兴，向我表示了感谢。

6 连句成段 Rearrange the following sentences into paragraphs

（1）A. 我们每个人的照片都记录了自己人生历程的一段时光，留下了生活的欢乐

B. 一边看，一边回想照片上的那些人和事，回忆那过去的美好时光

C. 因此，翻相册、看照片成了我生活中的一大乐趣

D. 一拿起相册就要翻来翻去看半天

____

（2）A. 所以说语言是社会交际的工具

B. 没有社会生活就不会有语言

C. 语言是在社会生活中产生的

D. 人在社会生活中跟别人交往需要语言

E. 你要想把一种语言学好，就要勇敢地去用语言跟别人交际

____

7 改错句 Correct the sentences

（1）一切的困难我都不怕。

____

（2）我昨天表示她别去，可是今天她还是去了。

____

（3）他每天早上在公园里打太极拳和气功。

____

（4）各个国都有不同的习惯和想法。

____

（5）我躺在床上翻来倒去不睡着。

____

（6）我把这里的美景拍照了下来。

____

8 情景表达 Language and context

1. 下列句子什么情景下说？ In which situations do we use the following sentences?
   （1）这就是我要告诉你的一切。
   （2）我还不太适应。

2. 下列情景怎么说？ How do we describe or what do we say in the following situations?
   （1）说一下儿太极拳的动作。
   （2）说明打太极拳的作用。

9 综合填空 Fill in the blanks

补充生词 Supplementary words

①	突然	tūrán	suddenly; unexpectedly
②	不到长城非好汉	bú dào Chángchéng fēi hǎohàn	If you fail to reach the Great Wall, you are not a hero
③	奇怪	qíguài	strange; weird
④	滑	huá	to slip; to slide
⑤	堆	duī	to pile up
⑥	扶	fú	to support with the hand

雪后爬长城

星期六夜里，下了一场大雪。第二天早上起床一看，外边的雪景很美。这时我突然想带女朋友去长城看雪景。我给她打了个电话，问她愿意不愿意去长城。她说她也正要给我打电话，问我想不想去呢。

太阳①________了，是个好天气。吃了早饭我们就坐车出发了。

只用了两个多小时，我们②________到了长城。女朋友说："'不到长城非好汉'，今天我们到了长城，也算是好汉了。"长城上没有人，很静。几个工作人员看见我们都笑③________，我不知道他们为什么笑。大概他们觉得下这么大的雪还来爬长城很奇怪④________。买了票我们就往上爬，因为有雪，爬不上⑤________。我们刚爬上去几步又滑下来，滑下来再爬上去，很有意思。长城上只有我和女朋友。爬了快一个小时了，我女朋友累⑥________有点儿爬不动了。我要拉她，她不让，一定要自己爬上去。我们爬了差不多两个小时，终于爬到了长城最⑦________的地方。站在上边往下看，眼前是一片白色的世界，真美啊！我们在长城上照了很多相，⑧________在长城上边堆了一个大雪人。

下来的时候，我们一会儿扶着墙走，一会儿坐在地上往下滑，很好玩儿。

今天，虽然很累，但是我们玩儿得非常高兴。

你要是去长城，最好也在下雪以后去。

10 交际会话 Communication

商量　Discussing sth. with sb.

A：妈妈，我跟你商量一件事儿。

B：什么事儿？

A：我想去中国留学。

B：你怎么有这样的想法？你不打算结婚了？

A：我就去一年，结婚的事儿回来以后再说。

B：你现在的工作不是挺好吗？回来以后找不到工作怎么办？

A：不会的。我已经学了一年汉语了，可是，说得还不太好，我想去中国学一年，回来后能找到更好的工作。

B：你跟你爸爸说了吗？

A：爸爸没问题，主要是你。

B：我不同意你就不去了吗？我还不知道你的性格，决定了的事情，谁说也不行。

A：妈妈，一年时间很快就会过去的。

B：小鸟长大了，翅膀（chìbǎng, wing）硬了，该飞了。

Dì-sān kè
第三课
Lesson 3

Běijīng de sìjì
北京的四季
Four seasons in Beijing

一 课文 Kèwén Text 03-1

中国的大部分地区，一年都有春、夏、秋、冬四个季节。

就拿首都北京来说吧，从三月到五月是春季，六月到八月是夏季，九月到十一月是秋季，十二月到第二年的二月是冬季。

春天来了，树绿了，花儿开了，天气暖和了。人们脱下冬衣，换上春装。姑娘和小伙子们打扮得漂漂亮亮的，他们在湖上划船，在花儿前照相，公园里充满了年轻人的歌声和笑声。颐和园、北海、香山、长城和十三陵……到处都可以看到来自世界各地的游人。

夏天来了，天气热了。人们常常去游泳。吃完晚饭，工作了一天的人们喜欢到外边散步、聊天儿。马路边、公园里

都有散步的人。他们一边走一边聊，显得轻松而愉快。

北京的冬天比较冷，但是暖气一开，屋子里很暖和。到了冬天，人们喜欢吃火锅儿。一家几口人或三五个朋友，高高兴兴地围坐在火锅儿旁边，边吃，边喝，边聊，这情景让人羡慕和向往。

北京的冬天不常下雪，但是，要是下了雪，人们就会像过节一样高兴。冬天最美的风光就是雪景了。很多人会带上相机去外边照相。孩子们一点儿也不怕冷，在雪地上跑啊跳啊，堆雪人儿，打雪仗，小脸和小手冻得红红的，玩儿得可高兴了。北京人喜欢雪。"瑞雪兆丰年"，冬天要是下几场大雪，第二年一定会有好收成。

北京一年中最好的季节要数秋天了。天气不冷也不热，不常下雨，也很少刮风。大街上到处是鲜花，到处是瓜果。每到周末，人们都喜欢到郊外去玩儿。那满山的红叶是秋天最美丽的景色。爬香山、看红叶，是北京人最喜欢的活动。

国庆节放假期间，正是北京一年中风景最美的时候。每到国庆节，全国各地很多游人都会利用假期到北京来旅游。要是你能到天安门广场去看看，就会知道，这个古老的国家如今显得多么年轻，你就会感到，勤劳善良、热爱和平的中国人是多么热情。也许你会爱上这个美丽的城市，爱上这些热情友好的人们。

亲爱的朋友，愿你们在北京、在中国生活得平安快乐。

回答课文问题 Answer the questions according to the text

（1）北京一年有几个季节？每个季节从几月到几月？你们国家呢？
（2）北京的春天怎么样？
（3）北京的夏天怎么样？
（4）北京的冬天怎么样？
（5）北京的秋天怎么样？
（6）你们国家或家乡的季节怎么样？请写出来并说一说。

二 生词 Shēngcí New Words

03-2

1. 部分	bùfen	（名）	part; section
2. 地区	dìqū	（名）	region; area
3. 拿	ná	（介）	*used to introduce the object*
4. 脱	tuō	（动）	to take off
5. 冬衣	dōngyī	（名）	winter clothes
6. 春装	chūnzhuāng	（名）	spring clothes
7. 姑娘	gūniang	（名）	girl
8. 湖	hú	（名）	lake
9. 划船	huá chuán		to row a boat

	划	huá	（动）	to row
	船	chuán	（名）	boat; ship
10.	充满	chōngmǎn	（动）	to cram; to be full of
11.	游人	yóurén	（名）	visitor; sightseer; tourist
12.	显得	xiǎnde	（动）	to look; to seem; to appear
13.	轻松	qīngsōng	（形）	relaxed; not feeling nervous
14.	火锅（儿）	huǒguōr	（名）	hotpot; chafing dish
15.	围	wéi	（动）	to enclose; to surround
16.	向往	xiàngwǎng	（动）	to yearn for; to look forward to
17.	堆雪人（儿）	duī xuěrénr		to build a snowman
	堆	duī	（动）	to pile up; to stack
18.	打雪仗	dǎ xuězhàng		to have a snowball fight; to throw snowballs at each other
	打	dǎ	（动）	to fight; to beat
19.	冻	dòng	（动）	to feel very cold; to be frostbitten; to freeze
20.	瑞雪兆丰年	ruìxuě zhào fēngnián		a timely snow promises a good harvest; a snowy year, a rich year
21.	场	cháng	（量）	*a measure word for events, etc.*
22.	收成	shōucheng	（名）	harvest; crop
23.	数	shǔ	（动）	to be reckoned as exceptionally (good or bad, etc.) by comparison
24.	大街	dàjiē	（名）	main street
25.	鲜花	xiānhuā	（名）	(fresh) flower
26.	瓜	guā	（名）	melon
27.	果	guǒ	（名）	fruit
28.	每	měi	（副）	every; each

29. 郊外	jiāowài	（名）	outskirts; countryside around a city
30. 美丽	měilì	（形）	beautiful
美	měi	（形）	beautiful
31. 景色	jǐngsè	（名）	scenery; view; scene
32. 如今	rújīn	（名）	now; today; at present
33. 多么	duōme	（副）	what; how; to a great extent
34. 勤劳	qínláo	（形）	industrious; hard-working
35. 善良	shànliáng	（形）	good and honest; kind-hearted
36. 热爱	rè'ài	（动）	to love deeply
37. 友好	yǒuhǎo	（形）	friendly
38. 亲爱	qīn'ài	（形）	dear
39. 愿	yuàn	（动）	to hope; to wish; to like
40. 平安	píng'ān	（形）	safe and sound

专名 Zhuānmíng Proper Nouns

1. 北海	Běi Hǎi	Beihai Park
2. 香山	Xiāng Shān	Fragrant Hills Park
3. 十三陵	Shísān Líng	the Ming Tombs
4. 国庆节	Guóqìng Jié	National Day

三 词语用法 Cíyǔ yòngfǎ Usage

1 拿 ná（介）*used to introduce the object*

“拿+名词+来+动词”，表示从某个方面提出话题。动词只限于“说、看、讲”或者“比、比较、分析”等。例如：

The structure “拿 + noun + 来 + verb” is used to introduce a topic. For verbs, we can only use “说，看，讲” or “比，比较，分析” etc., e.g.

（1）中国的大部分地区，一年都有春、夏、秋、冬四个季节。就拿首都北京来说吧，就和全国大部分地区一样，有春、夏、秋、冬四个季节。

（2）汉语的一些语法对于外国学习者是比较难的，拿“了”和“把”字句的用法来说，很多人虽然学了，但是还是不知道怎么用。

（3）中国这些年发展很快，拿人们的生活水平来说，比过去有很大的提高。

2 动词 + 下 dòngcí + xià Verb + 下

“动词 + 下”有两种常用义：

“Verb + 下” usually has the following two meanings:

1. 表示动作完成并有脱离的意思。例如：

It indicates the completion of an action, suggesting a sense of “taking off”, e.g.

（1）一到春天，人们都脱下冬衣，换上春装。

（2）她一进屋就脱下皮鞋（píxié, leather shoes），换上拖鞋（tuōxié, slippers）。

2. 表示人或事物随动作由高处向低处，或离开高处，到达低处。例如：

It indicates somebody or something moves from high to low, e.g.

（3）请同学们快坐下，我们上课了。

（4）她感动得流下了眼泪。

（5）我们从这里走下山去吧。

（6）他跳下水去把孩子救（jiù, to save）了上来。

3 动词 + 上 dòngcí + shàng Verb + 上

"动词 + 上"有两种常用义：

"Verb + 上" usually has the following two meanings:

1. 表示动作有结果，有时有合拢的意思。例如：

It indicates an action has achieved a result; sometimes it suggests a sense of "joining together", e.g.

（1）一到春天，人们都脱下冬衣，换上春装。

（2）刚来时不习惯，一年后她已经爱上了这个地方，不愿意离开了。

（3）我把窗户关上，锁上门，咱们就走。

2. 表示人或事物随动作从低处到高处，或达到了一定目的。例如：

It indicates a movement from low to high, or the achievement of a goal, e.g.

（4）他提着书爬上了十楼。

（5）我看见他骑上自行车出去了。

（6）她今年终于考上了大学。

4 多么 duōme（副）what; how; to a great extent

多用在感叹句中，表示程度很高，与副词"多"的用法基本相同。例如：

"多么" is usually used in exclamatory sentences to indicate a high degree. The usage is quite similar to that of the adverb "多", e.g.

（1）要是你能到天安门广场去看看，就会知道，这个古老的国家如今显得多么年轻。

（2）你去了就会知道，那里的风景有多么 / 多美。

（3）多么 / 多有意思啊！

（4）能出国学习多么 / 多不容易啊！

5 也许 yěxǔ（副）perhaps; probably; maybe

表示猜测或不很肯定，常放在动词、形容词或主语前面作状语。例如：

"也许" indicates conjecture or uncertainty. It is usually used before a verb, an adjective or a subject as an adverbial, e.g.

（1）来了以后，也许你会爱上这个美丽的城市，爱上这些热情友好的人们。

（2）别着急，再好好儿找找，也许能找到。

（3）喝了吧，把这些中药喝了，你的病也许就好了。

（4）到现在他还没来，也许就不来了，我们不要等他了。

四 练习 Liànxí Exercises

1 语音 Phonetics 03-3

（1）辨音辨调 Distinguish the pronunciations and tones

部分	bùfen	不分	bù fēn
旅游	lǚyóu	理由	lǐyóu
善良	shànliáng	商量	shāngliang
鲜花	xiānhuā	闲话	xiánhuà
和平	hépíng	合并	hébìng
广场	guǎngchǎng	工厂	gōngchǎng

（2）朗读 Read out the following idioms

鸟语花香 niǎoyǔ-huāxiāng

烈日高照 lièrì gāozhào

秋高气爽 qiūgāo-qìshuǎng

万里雪飘 wànlǐ xuěpiāo

2 词语 Read out the following phrases

大部分	一部分	部分地区	部分学校
充满信心	充满希望	充满欢乐	充满感情
显得很轻松	显得很高兴	显得很愉快	显得很失望
向往北京	向往幸福生活	向往美好爱情	向往美好未来
数得上	数不上	数他最高	数玛丽考得好
美丽的姑娘	美丽的地方	美丽的景色	美丽的故事
多么热情	多么美好	多么善良	多么勤劳
热爱和平	热爱工作	热爱祖国	热爱人民

3 选词填空 Choose the right words to fill in the blanks

热爱 向往 脱 多么 数 也许 团圆 划船 冻 充满

（1）进屋要________鞋，觉得特麻烦。

（2）星期天我们去公园________吧。

（3）她对自己的未来________信心。

（4）那是个让世界各国的人都十分________的地方。

（5）我的手已经________得没有感觉了。

（6）要说个子高，张东还________不上，他只是中等个子。

（7）没有去过云南的人，就不会知道那是一个________美丽的地方。

（8）我们的人民________和平，希望和世界各国人民友好相处。

（9）刚去时当然会感到寂寞，会想家。但是，如果你语言通了，再交一些好朋友，________你就不想回来了。

（10）中国的春节跟我们的圣诞节一样，也是一个全家________的节日。

4 用括号里的词语完成句子 Complete the sentences with the words in the brackets

（1）____________来说吧，刚来中国时，也特别想家。（拿）
（2）晚会上____________，同学们玩儿得非常高兴。（充满）
（3）把大衣____________吧，我给您挂在这里。（动词＋下）
（4）你是不是____________了？要不为什么常常去找她？（动词＋上）
（5）我弟弟今年____________北京大学了。（动词＋上）
（6）你不知道，我爸爸妈妈听到这个消息是____________。（多么）
（7）他们个子都很高，____________最高。（数）
（8）我们再等他一会儿吧，____________。（也许）

5 用括号里的词语完成会话 Complete the dialogues with the words in the brackets

（1）A：他学习怎么样？
B：____________________。（数）

（2）A：那是个什么样的地方？
B：____________________。（向往）

（3）A：不知道为什么，他已经三天没来上课了。
B：____________________。（也许）

（4）A：你们班这次考试考得怎么样？
B：____________________。（大部分）

（5）A：你现在对这里的生活习惯了吗？
B：早习惯了，我________________。（动词＋上）

（6）A：这个电影怎么样？你看了吗？

B：看了，非常好。很多人感动得＿＿＿＿＿＿＿＿＿＿。

（动词＋下）

6 连句成段 Rearrange the following sentences into paragraphs

（1）A. 让你感到既新奇又有点儿担心

B. 我们这些老外一到北京就会看到很多很多电动车

C. 那么多的电动车在小汽车、公共汽车和行人中间穿来穿去，来来往往

D. 特别是上下班的时候

＿＿＿＿＿＿＿＿＿＿＿＿＿＿＿＿

（2）A. 而是那些随处可见、满街跑的出租车

B. 但我要说的是，最吸引我的还不是这些电动车

C. 因为我下边要讲的这个故事跟这出租车有关系

D. 虽然那满大街的电动车能把我吓了一跳

＿＿＿＿＿＿＿＿＿＿＿＿＿＿＿＿

7 改错句 Correct the sentences

（1）我很喜欢北京，大街上有很多树，很绿色。

＿＿＿＿＿＿＿＿＿＿＿＿＿＿＿＿＿＿＿＿

（2）中国的大街上到处充满了电动车。

＿＿＿＿＿＿＿＿＿＿＿＿＿＿＿＿＿＿＿＿

（3）我把房间干净了。

＿＿＿＿＿＿＿＿＿＿＿＿＿＿＿＿＿＿＿＿

（4）她毛病了，可是她不要去医院打打针。

____

（5）这个星期末你想不想去旅行？

____

（6）我非常热爱我的女朋友。

____

8 情景表达 Language and context

1. 下列句子什么情景下说？ In which situations do we use the following sentences?

（1）我们热爱和平。

（2）真是“瑞雪兆丰年”啊！

（3）我真羡慕他。

2. 下列情景怎么说？ How do we describe or what do we say in the following situations?

（1）你和他/她在一个班学习了半年多，非常喜欢他/她。（爱上）

（2）你很喜欢一个地方 / 一份工作 / 一个学校。（向往）

9 综合填空 Fill in the blanks

补充生词 Supplementary words

①	阵	zhèn	short period; spell
②	抬	tái	to raise
③	将近	jiāngjìn	to be about to
④	经历	jīnglì	experience

一把雨伞

去年秋天的一个星期天，我和爱人带孩子去爬山。刚刚两岁①________儿子，玩儿得很高兴。这时，一阵风刮来，抬头一看，刚才还蓝蓝的天上，不知什么时候起②________乌云，很快就开始掉雨点了。我和爱人一下子着急了，从这儿往前，离车站还远，往回走，也要将近一个小时，我们又没带雨伞。③________越下越大，我抱④________儿子，不知怎么办好。正在这时，一对儿年轻人打着一⑤________雨伞向我们这边走来，看到我们的样子，两人一笑，马上⑥________伞送给我们，说："孩子小，淋了雨会感冒的。"然后，⑦________俩说着笑着淋着雨跑远了。

雨中的经历使我常想起这两个不知姓名的年轻人，只知道他们在北京工作，但是因为当时没有留下姓名和地址，⑧________这把雨伞现在还放在我们家里。

10 交际会话 Communication

谈论天气 Talking about the weather

A：啊——，好冷啊！

B：冷在三九嘛，现在才是头九，冷的时候还在后面呢。

A：什么？什么？你说的我怎么听不懂啊。什么"三九""头九"？

B：啊，中国人把冬天最冷的时候，叫作三九天。从冬至（dōngzhì, the winter solstice）开始，每九天算一九。今天是12月25号，算头九。

A：这样啊。这么说，以后还会更冷啊。

B：当然。

A：我最怕冷了。每天早上都不想起床，所以常常迟到。

B：我怕热，但不怕冷。我喜欢冬天，也喜欢滑冰滑雪。

A：难怪你每天一早就出去锻炼。我可起不来。

Dì-sì kè
第四课
Lesson 4

Lǐxiǎng
理想
Ideal

一 课文 Kèwén Text

（一）理想

04-1

中学毕业那年，要考什么大学，要学什么专业，我自己也不清楚。一次我和朋友看了一个电影，这个电影是介绍中国文化的，很有意思。我当时就想，学习中文，将来当翻译怎么样？妈妈知道了我的想法，十分赞成。就这样，我考上了大学中文系。

大学三年级暑假，我第一次来到中国，在北京语言大学学习了四个星期。学完以后，又到中国一些著名的风景区旅游了一个月。这时才知道，自己对中国的了解太少了。

因为汉语说得不好，旅途中遇到了很多困难。但是，每次遇到困难时，都会得到好心人的帮助。一次，我坐火车去南京。我对南京一点儿也不了解，火车到南京的时间又是晚上，怎么去找宾馆，怎么买去上海的火车票，我都不知道。我看着地图，心里真有点儿着急。

坐在我对面的一个姑娘，好像看出了我的心事，就用英语问我是不是留学生，需要不需要她帮助。她的英语说得很好。我就对她说了自己遇到的困难。她说："别担心，我也是在南京下车，下车以后，你就跟我走吧。"

就这样，我们开始了交谈。她是南京一所大学的学生。她说："要是你愿意，我可以带你到南京的一些风景区去看看。"我说："这样当然好，不过，会不会太麻烦你了？"她说："现在正好是假期，我有空儿。我们可以互相学习，我帮你练汉语，你也帮我练练英语。"

就这样，我交了第一个中国朋友。

在南京玩儿了三天。这三天里，她简直成了我的导游，带我去了南京很多有名的地方，又帮我买了去上海的火车票。分别的时候，她说，欢迎你再来。我说，肯定会再来的。我一定要把汉语学好，实现自己当翻译的理想。

（二）要见彩虹

04-2

最近，我学会了一首中文歌，很好听，也很有意义。里边有一句歌词，让我想了很多很多。这句歌词是：不经历风雨，怎么见彩虹？没有人能随随便便成功。

我来中国已经半年了，半年的留学生活让我尝到了以前从没有尝过的酸甜苦辣。有一段时间我常常一个人偷偷儿地哭，有时哭着哭着就睡着了。在梦中，我梦见了家乡，梦见了家乡的亲人。在梦中我对父母说："你们的傻女儿输了，失败了，对学习、对自己都失去了信心。"

父母打电话叫我回国，但是，我想我不能回国。来中国留学，学习汉语，这是我自己选择的道路。人生的道路上肯定会遇到各种各样的困难，要是一遇到困难就退缩，怎么可能取得成功呢？我决定坚持下去。老师也常鼓励我说：坚持就是胜利。

我的梦想是当一个汉语老师，不学好汉语怎么能当汉语老师呢？

想到这儿，就觉得自己很可笑，都十八岁了，已经不是小孩子了，为什么一遇到困难就哭呢？为什么不能坚强一些呢？

我心中又唱起了这首歌：不经历风雨，怎么见彩虹？没有人能随随便便成功。是啊，要成功，就必须付出艰苦的努力。

回答课文问题　Answer the questions according to the text

（1）"我"为什么要学习中文？你呢？

（2）"我"第一次来中国是什么时候？来做什么？

（3）"我"在旅途中遇到了什么困难？是谁帮助了"我"？

（4）"我"为什么还要来中国？"我"的理想是什么？你呢？

（5）"我"学会了一首什么歌？你听过这首歌吗？

（6）"我"来中国多长时间了？"我"为什么常常一个人偷偷儿地哭？你来中国以后哭过吗？为什么？

（7）"我"为什么要坚持下去？为什么觉得自己很可笑？

二 生词 Shēngcí New Words

04-3

1. 理想	lǐxiǎng	（名、形）	imagination or hope for the future; ideal
2. 专业	zhuānyè	（名、形）	special field of study; professional
3. 当时	dāngshí	（名）	at that time; then
4. 赞成	zànchéng	（动）	to approve of; to favor; to agree with
5. 系	xì	（名）	department
6. 著名	zhùmíng	（形）	famous; well-known
7. 旅途	lǚtú	（名）	on a journey; during a trip
8. 宾馆	bīnguǎn	（名）	hotel
9. 地图	dìtú	（名）	map
10. 对面	duìmiàn	（名）	opposite; right in front
11. 好像	hǎoxiàng	（副）	to look as if; to seem like
12. 心事	xīnshì	（名）	sth. weighing on one's mind; worry
13. 交谈	jiāotán	（动）	to come in contact and talk; to chat
14. 所	suǒ	（量）	*a measure word for houses, schools, hospitals, etc.*
15. 简直	jiǎnzhí	（副）	simply; at all
16. 分别	fēnbié	（动）	to part; to leave; to say goodbye to each other

17.	彩虹	cǎihóng	（名）	rainbow
18.	意义	yìyì	（名）	significance; meaning
19.	风雨	fēngyǔ	（名）	wind and rain; trials and hardships
20.	成功	chénggōng	（动、形）	to succeed; successful
21.	从	cóng	（副）	(*used before a negative*) ever
22.	酸甜苦辣	suān-tián-kǔ-là		sour, sweet, bitter, hot; joys and sorrows of life
23.	段	duàn	（量）	(*a measure word*) duration (of time); distance; paragraph; passage; part
24.	梦	mèng	（名、动）	dream; to dream
25.	亲人	qīnrén	（名）	relative; one's family member(s)
26.	女儿	nǚ'ér	（名）	daughter
27.	失败	shībài	（动）	to fail
28.	失去	shīqù	（动）	to lose; not to have any more
29.	信心	xìnxīn	（名）	confidence; faith; belief that one's wish or expectation is sure to come true
30.	选择	xuǎnzé	（动）	to choose; to select
31.	道路	dàolù	（名）	road; way
32.	人生	rénshēng	（名）	life
33.	退缩	tuìsuō	（动）	to shrink back; to hold back
34.	取得	qǔdé	（动）	to get; to gain
35.	鼓励	gǔlì	（动）	to encourage
36.	梦想	mèngxiǎng	（名、动）	dream; to dream
37.	可笑	kěxiào	（形）	ridiculous; absurd; funny

38. 坚强	jiānqiáng	（形）	strong; firm
39. 付出	fùchū	（动）	to pay; to give
40. 艰苦	jiānkǔ	（形）	hard; difficult

专名 Zhuānmíng Proper Nouns

南京	Nánjīng	Nanjing, the capital of Jiangsu Province

三 词语用法 Cíyǔ yòngfǎ Usage

1 一点儿 + 也 / 都 + 不 / 没…… yìdiǎnr + yě/dōu + bù/méi ……

"一点儿"表示数量很少，用在"不、没"前边表示完全否定。意思相当于"根本、完全"。"一点儿"和"不、没"之间常插入"也、都"等。例如：

"一点儿" indicates a small quantity and is used before "不" or "没" to indicate complete negation. The meaning is the same as "根本" and "完全" (completely; thoroughly). "也" or "都" is usually used between "一点儿" and "不 / 没", e.g.

（1）要去的地方是南京，可我对南京一点儿也不了解。

（2）你说的这件事我一点儿都不知道。

（3）虽然在国内学过汉语，可是刚来时，我一点儿也听不懂中国人说的话。

2 当然 dāngrán（副）certainly; it goes without saying

"当然"表示肯定，不必怀疑。可以用在动词前，也可以用在主语前。还可以单用或回答问题。"当然……，不过……"表示转折，跟"虽然……，但是……"意义相近，但语气比较缓和。例如：

"当然" indicates affirmativeness and undoubtedness. It may be used before a verb or a subject, or used independently or in reply to a question. "当然……，不过……" indicates a shift; the meaning is close to that of "虽然……，但是……", but the tone is relatively mild, e.g.

（1）我说："这样当然好，不过，会不会太麻烦你了？"

（2）能考上理想的大学当然好，但是考不上也不要太难过。

（3）我读的是中文系，当然希望有机会去中国留学。

（4）A：你也想去桂林旅行吗？

B：当然。

3 不过 búguò（连）but; however

"不过"表示转折，比"但是"的语气轻。放在后半句前边，多用于口语。例如：

Used at the beginning of the latter part of a compound sentence, "不过" indicates a shift in meaning. It is less emphatic than "但是" and is often used in spoken Chinese, e.g.

（1）我说："这样当然好，不过，会不会太麻烦你了？"

（2）房间不大，不过一个人够住了。

（3）他好像和我在一个班学习过，不过我忘了他叫什么名字。

（4）这一课的生词比较多，不过都不难。

4 简直 jiǎnzhí（副）simply; at all

"简直"用在动词前作状语，强调完全是这样或差不多是这样。带有夸张的语气。例如：

"简直" is used before a verb as an adverbial emphasizing "exactly so or almost so", suggesting an exaggeration in tone, e.g.

（1）这三天里，她简直成了我的导游，带我去了南京很多有名的地方。

（2）他说的是什么？我简直一点儿也听不懂。

（3）她汉语说得简直跟中国人一样，真让人羡慕。

（4）我当时还小，什么事也不懂，简直是个小傻瓜（shǎguā, fool）。

5 从 cóng（副）from the past till the present; always; all long; at all times

副词“从”意思是“从来”，表示从过去到现在都是这样。用在否定词前面。例如：

“从” means “it has always been like this”. It is used before a negative word, e.g.

（1）半年的留学生活让我尝到了以前从没有尝过的酸甜苦辣。

（2）我从（来）不吸烟。

（3）我以前从没来过中国，这是第一次。

6 偷偷儿 tōutōur（副）secretly

表示行动不让别人知道。放在动词或形容词前作状语。例如：

“偷偷儿” means “in a secret manner” or “not known by others”. It functions as an adverbial before verbs or adjectives, e.g.

（1）有一段时间我常常一个人偷偷儿地哭，有时哭着哭着就睡着了。

（2）他看大家不注意，就偷偷儿离开了。

（3）一天，她偷偷儿把一封信放在了我的书包里。

7 “动词 + 着” + “动词 + 着”…… “dòngcí + zhe” + “dòngcí + zhe”…… “Verb + 着” + “Verb + 着”……

“动词 + 着”重叠使用，表示一个动作正在进行时，另一个动作接着发生。例如：

The structure of “verb + 着 + verb + 着” is used to indicate that an action is in progress while the other is coming along, e.g.

（1）有一段时间我常常一个人偷偷儿地哭，有时哭着哭着就睡着了。

（2）她说着说着突然笑了起来。

（3）晚上睡得太晚，早上起得早，上课的时候，常常听着听着就困了。

四 练习 Liànxí Exercises

1 语音 Phonetics 04-4

（1）辨音辨调 Distinguish the pronunciations and tones

专业	zhuānyè	转业	zhuǎn yè
著名	zhùmíng	出名	chūmíng
心事	xīnshì	新诗	xīn shī
当然	dāngrán	坦然	tǎnrán
简直	jiǎnzhí	兼职	jiānzhí
人生	rénshēng	人参	rénshēn
可能	kěnéng	核能	hénéng
鼓励	gǔlì	孤立	gūlì

（2）朗读 Read out the following lines

书到用时方恨少，	Shū dào yòng shí fāng hèn shǎo,
事非经过不知难。	Shì fēi jīngguò bù zhī nán.
不到长城非好汉。	Bú dào Chángchéng fēi hǎohàn.
少壮不努力，	Shàozhuàng bù nǔlì,
老大徒伤悲。	Lǎodà tú shāngbēi.

2 词语 Read out the following phrases

美好的理想	理想的专业	理想的工作	理想的家庭
著名的风景区	著名的大学	著名的律师	著名的教授

做了一个梦　梦见了我的家　梦想当翻译　祝你梦想成真
选择朋友　选择专业　选择人生道路　选择理想工作

3 选词填空 Choose the right words to fill in the blanks

酸甜苦辣　付出　赞成　信心　简直　失败　心事　偷偷儿
经历　意义　不过　分别　著名　理想　当然

（1）上大学，学汉语，当翻译，一直是我的________。

（2）妈妈非常________我来中国留学。

（3）老师让我说出五个________的中国人，但是，我想了半天也没有说出来。

（4）我看她最近好像有什么________。

（5）因为是好朋友，他遇到了困难我________要帮助他。

（6）这件羽绒服样子不太好看，________穿着挺暖和。

（7）我________不相信他能干出这种事。

（8）这是在机场________时女朋友送给我的。

（9）对我来说，学习汉语的________就是选择了一条人生的道路。将来我要用汉语工作，就是说，把自己跟中国联系在一起。

（10）这半年来，我尝够了人生的________。但是，我觉得自己也在长大。

（11）人们常说，________是成功之母，所以，要想成功就不要怕失败，失败了再来。

（12）我很喜欢这句歌词：不________风雨，怎么见彩虹？没有人能随随便便成功。说得多好！

（13）遇到困难时，不要失去________，要鼓励自己，坚持下去。坚持就是胜利。

（14）不________艰苦的努力，要想取得成功是不可能的。

（15）老师在黑板上写字时，他________地走了出去。

4 用括号里的词语完成句子 Complete the sentences with the words in the brackets

（1）说实话，能不能实现自己的理想，我____________________
____________________。（一点儿＋也/都＋没……）

（2）来中国以前，我____________________。
（一点儿＋也/都＋不……）

（3）这件衣服贵是贵了点儿，____________________。（不过）

（4）这一课的课文虽然有点儿长，____________________。（不过）

（5）这幅画儿画得太好了，画儿上的鱼____________________
____________________。（简直）

（6）你啊，____________________。（简直）

（7）我又累又困，____________________。
（看着看着/听着听着）

（8）你能帮助我____________________，不过我还是想自己把它干成。（当然）

5 用括号里的词语完成会话 Complete the dialogues with the words in the brackets

（1）A：汉语最难学的不是语法，是词语的用法。

B：当然。____________________。（不过）

（2）A：要是大家都去，你去不去？

B：____________________。（当然）

（3）A：这种颜色的你喜欢吗？

B：________________________。（一点儿 + 也 / 都 + 不……）

（4）A：昨天晚上我做了一个梦。

B：______________________________________？（梦）

（5）A：喝杯酒吧。

B：谢谢！不过，我______________________。（从 + 不）

（6）A：刚才广播里说什么？

B：说得太快，我__________________________。（简直）

6 连句成段 Rearrange the sentences into paragraphs

（1）A. 同时我还交了很多好朋友

B. 在中国待了一年多了，语言慢慢不再成为生活中的问题

C. 他们对我非常关心

D. 让我时时感到像在家一样的温暖

____

（2）A. 一个人生活太孤单，没有依靠，如果出了问题，也没有人来帮助和安慰你

B. 男女双方只有结了婚，才可以合理地去养育他们的后代

C. 结婚是人类养育后代的一种合法的形式

D. 因此，我认为自己应该结婚

E. 不结婚只同居方便是方便，但总让人感觉到双方都不愿意负责任

____

7 改错句 Correct the sentences

（1）听了她的话，我心里很热乎乎。

____

（2）这是很当然的事，各国人都会这样。

____

（3）我昨天晚上做了一个梦，梦了我的朋友。

____

（4）我分别朋友的时候，心里很难过。

____

（5）我不愿意太给你麻烦。

____

（6）他把我吃饭的样子拍照了下来。

____

8 情景表达 Language and context

1. 下列句子什么情景下说？ In which situations do we use the following sentences?

（1）想到这儿，就觉得自己很可笑。

（2）他已经失去了信心。

（3）这时，我心里真有点儿着急。

2. 下列情景怎么说？ How do we describe or what do we say in the following situations?

（1）朋友失去信心的时候，你要鼓励他 / 她。

（2）看到朋友哭的时候，你要安慰他 / 她。

9 综合填空 Fill in the blanks

补充生词　Supplementary words

① 剩	shèng	to be left over
② 袋鼠	dàishǔ	kangaroo
③ 异国风情	yìguó fēngqíng	exoticness
④ 异国他乡	yìguó tāxiāng	alien land; foreign country
⑤ 急不可待	jí bù kě dài	too impatient to wait
⑥ 特产	tèchǎn	special local product
⑦ 艺术品	yìshùpǐn	artwork
⑧ 制造	zhìzào	to make

钥匙链儿

在国外的最后几天，因为口袋里还剩下一些钱，就想把它全花①________，给可爱的女儿买件礼物带②________去。正好那天我们去海洋世界游玩，我终于找到了想买的东西。

那是一个小小的钥匙链儿，上面有一③________袋鼠，样子十分可爱，看起来还带着异国风情。既然到了异国他乡，当然要买带有异国色彩的礼物。我挑④________半天，一下子买了七八个。回到宾馆，朋友们见了我买的钥匙链儿，⑤________说好，还问我在哪儿买的，他们也想去买一些回去送人。

回到家，我急不可待地把礼物拿出来给女儿看，并告诉她这些都是澳大利亚的特产，我为了买这些礼物是多么辛苦，澳大利亚的艺术品又是多么的好，女儿高兴⑥________接过去，反复地看着，看样子也很喜欢。忽然她叫了一声："妈，你快来看，这里写的是什么？”我过去仔细一看，上面一行小字清楚地写⑦________："Made in China"。啊！原来是中国制造的。女儿“哈哈”笑了⑧________，指着我说："我的老妈呀，你可真聪明啊！"

10 交际会话 Communication

请教（2） Consultation (2)

A：老师，我想请教一下儿，怎样才能更快地提高汉语水平呢？

B：你将来打算做什么工作？

A：我想当翻译。

B：好啊。不过要当翻译，除了汉语能力，还需要掌握（zhǎngwò, to master; to learn）很多文化知识。

A：我知道，当翻译很不容易。我感到最缺（quē, to lack）的也是文化知识。我的汉语也还不行，特别是读写，困难很大。您让我们写日记（rìjì, diary）或周记，我也想写，可是，坐在电脑前，想半天也不知道该写什么。

B：我想主要是读的书少，脑子（nǎozi, brain; mind）里没有多少词。

A：是！那我应该读些什么书呢？

B：真想当翻译的话，我建议你给自己做一个读书计划，并下决心去完成它。多读书，不但可以提高读和写的能力，还能掌握很多文化知识，对将来当翻译肯定有用。

A：我试试吧。谢谢老师！

Dì-wǔ kè
第五课
Lesson 5

Huítóu zàishuō
回头再说
We will talk about it later

一 课文 Kèwén Text

05-1

我刚到北京时，听过一个相声，说北京人的口头语是“吃了吗”。后来我发现，其实，北京人最爱说的一句话是“回头再说”。

我在香港坐上中国民航的飞机，邻座的一个人用地道的英语问我：“是去北京工作吗？”“不，去留学！”我回答。他是个中国人。我们就这样愉快地聊了一路。临下飞机，他还给了我一张名片，邀请我有空儿到他家去玩儿。

到北京后的第二个周末，我给飞机上认识的这位先生打电话。他在电话里热情地说：“有时间来家里玩儿吧。”我马上高兴起来，说：“太好了！我什么时候去？”他停了一会儿说：“这一段工作太忙，回头再说吧。”可是，几乎每次打电话，他都说欢迎我去他家，同时又带上一句“回头再说”。

我开始想，不是说有空儿就让我去吗？怎么会这样不实在？在三次“回头再说”之后，我终于去了他家。他和太太都十分热情，买菜做饭，准备了满满一桌的酒菜让我吃了个够。临了儿，他还送我好多书。我粗粗一看价钱，要五百多块钱呢，就说：“你给我这么贵的书，我一定要付钱。”他平淡地说：“这些书都是你用得着的，至于钱，回头再说吧。”之后我多次提起给他书钱的事，他都说：“回头再说吧。”

在北京的日子里，我经常听到“回头再说”这句话。它让我感到的不只是客气的推辞，更多的是温暖的等待。

那天，我在建国门上了地铁。这是我来中国后第一次坐地铁，以前从来没有坐过中国的地铁。车上人很多，下了地铁，上到地面时，我才发现那不是我要去的地方，因为没有找到熟悉的 375 路汽车站。正在我左顾右盼的时候，身后有两个小伙子主动跟我打招呼，我没有理他们。过了一会儿，他们看我还站在那里，就问我要去哪儿。我向他们打听去 375 路车站怎么走。他们说，375 路车站在西直门那儿，而这儿是复兴门，离西直门还远着呢。当他们知道我要回学校时，就说：“上车吧，我们正好要去颐和园方向，可以带你一段。”我犹豫了一下儿才上了他们的车。一路上我没有说话，因为我不想跟不认识的人打交道。到了学校门口我下了车，掏出钱来要给他们的时候，两个小伙子笑着说：“我们又不是出租车，只是顺路送送你，怎么能要钱呢？”听了他们的话，我心里一热，忙向他们表示感谢，问他们叫什么名字，住在哪儿，可是他们已经把车发动起来，对我招招手说：“没准儿以后我们还会见面呢，回头再说吧。”说着就把车开走了。我愣在那里不知道说什么好。至今我也没有再见过这两个热情友好的小伙子。

我还要在北京学习和生活很久，和中国人打交道的日子还长着呢，可能还会遇到更多有意思的事，咱们也“回头再说”吧。

（根据《北京晚报》高子的文章改写）

回答课文问题　Answer the questions according to the text

（1）作者是怎么认识第一个北京人的？
（2）这个北京人的口头语是什么？
（3）作者为什么打了三次电话才被邀请去这个北京人家？
（4）这个北京人送给了作者什么东西？
（5）作者第一次坐地铁的时候，他要在哪儿换车？
（6）作者坐车的时候为什么没说话？
（7）后来作者怎么到了要去的地方？
（8）说说你在中国遇到的愉快或不愉快的事。

二　生词 Shēngcí　New Words

05-2

1. 回头	huítóu	（副）	after a while; soon
2. 再说	zàishuō	（动）	to talk about sth. later; not to deal with sth. till some time later
3. 口头语	kǒutóuyǔ	（名）	pet phrase
4. 后来	hòulái	（名）	later; afterwards
5. 其实	qíshí	（副）	actually; in fact
6. 民航	mínháng	（名）	civil aviation

7. 邻	lín		adjacent; neighbor
8. 地道	dìdao	（形）	pure; real; up to standard
9. 回答	huídá	（动）	to answer; to reply
10. 名片	míngpiàn	（名）	name card
11. 几乎	jīhū	（副）	all but; almost; close to
12. 同时	tóngshí	（名）	at the same time; meanwhile
13. 实在	shízài	（形、副）	sincere; really
14. 之后	zhīhòu	（名）	after that; afterwards
15. 太太	tàitai	（名）	wife
16. 临了（儿）	línliǎor	（副）	finally; in the end
17. 粗	cū	（形）	rough
18. 价钱	jiàqian	（名）	price
19. 付	fù	（动）	to pay
20. 平淡	píngdàn	（形）	flat; insipid
21. 至于	zhìyú	（介）	as for; as to
22. 日子	rìzi	（名）	day; date
23. 推辞	tuīcí	（动）	to refuse; to turn down; to decline (an appointment, invitation, present, etc.)
24. 温暖	wēnnuǎn	（形）	warm
25. 等待	děngdài	（动）	to wait; to expect
26. 地面	dìmiàn	（名）	ground
27. 熟悉	shúxi	（形）	familiar
28. 路	lù	（名）	line; route
29. 左顾右盼	zuǒgù-yòupàn		to look around; to glance right and left
30. 主动	zhǔdòng	（形）	on one's own initiative; voluntary

31. 打招呼	dǎ zhāohu		to greet sb.; to say hello
32. 理	lǐ	（动）	(*usually used in the negative*) to pay attention to; to speak to
33. 方向	fāngxiàng	（名）	direction
34. 犹豫	yóuyù	（形）	hesitant
35. 打交道	dǎ jiāodao		to come into (or make) contact with; to have dealings with
36. 顺路	shùnlù	（副、形）	passingly; on the way
37. 发动	fādòng	（动）	to start; to launch
38. 招手	zhāo shǒu	（动）	to wave one's hand
39. 没准儿	méi zhǔnr	（动）	who knows; probably
40. 见面	jiàn miàn	（动）	to meet; to see
41. 愣	lèng	（动）	to be dumbfounded; to be stunned
42. 至今	zhìjīn	（副）	up to now; to this day

专名 Zhuānmíng Proper Nouns

1. 中国民航	Zhōngguó Mínháng	CAAC (Civil Aviation Administration of China)
2. 建国门	Jiànguó Mén	Jianguomen, a place in Beijing
3. 西直门	Xīzhí Mén	Xizhimen, a place in Beijing
4. 复兴门	Fùxīng Mén	Fuxingmen, a place in Beijing

三 注释 Zhùshì Notes

1 临了儿，他还送我好多书。 In the end, he gave me a lot of books.

"了"读作 liǎo，"结束"的意思。"临了儿"表示将要结束的时候。

"了" is pronounced as "liǎo", meaning "to end". "临了儿" means "finally" or "before something finally ends".

2 之后我多次提起给他书钱的事。 Later I mentioned several times to give him the payment for the books.

"提起"是"谈到""说到"的意思。例如：

"提起" means "to mention", e.g.

一提起这件事我就生气。

3 正在我左顾右盼的时候 as I was looking around

"左顾右盼"：向左右或周围看。

"左顾右盼": to look around; to glance right and left

四 词语用法 Cíyǔ yòngfǎ Usage

1 其实 qíshí（副）actually; in fact

表示所说的情况是真实的，有更正上文的作用。常用在主语前边。例如：

"其实" indicates that what's being said is true. It functions to rectify, explain or complement a stated fact or an assumption. It is usually used before a subject, e.g.

（1）其实，北京人最爱说的一句话是"回头再说"。

（2）你以为他回国了，其实他去云南旅行了。

（3）看她的样子只有三十多岁，其实她都四十多了。

（4）其实早上你不用叫他，他自己能醒（xǐng, to wake up）。

2 再说 zàishuō（动）to talk it over (later)

表示等到有时间、有条件、有机会时再考虑或办理。有时表示对他人的要求委婉地拒绝或推托。例如：

"再说" is used to suggest that something will be considered or handled when the time or condition allows, or when the right opportunity comes. Sometimes it implies an indirect refusal of requests. For example:

（1）其实，北京人最爱说的一句话是"回头再说"。

（2）这件事以后再说吧。

（3）A：你不是想买一本《现代汉语词典》吗？

B：我今天没有带钱，以后再说吧。

（4）A：我们明天去颐和园吧。

B：明天我还有别的事，以后有空儿再说吧。

3 实在 shízài（形、副）sincere; honest; really; indeed

1. 形容词，诚实；不虚假。例如：

(*adj*.) honest; unfeigned, e.g.

（1）我开始想，不是说有空儿就让我去吗？怎么会这样不实在？

（2）跟这个小伙子没交谈几句，就觉得他挺实在。

（3）如果没有实实在在的本领（běnlǐng, ability; skill），你就很难在比赛中取胜。

2. 副词，的确；真的。例如：

(*adv*.) indeed; really, e.g.

（4）要把汉语说得跟中国人一样好，实在不容易。

（5）这件事你去问她自己吧，我实在不知道。

（6）我实在爬不动了，这山太高了。

4 用得着 yòng de zháo to find sth. useful

"需要、有用"的意思。否定式是"用不着"，表示"不需要、不用"。例如：

"用得着" means "in need of " or "useful". Its negative form is "用不着", which means "not in need of ", "need not" or "find it not useful". For example:

（1）他平淡地说："这些书都是你用得着的，至于钱，回头再说吧。"

（2）这台电脑我已经用不着了，如果你用得着的话就送给你吧。

（3）家里太乱了，用不着的东西就卖了吧。

（4）有什么意见你就好好儿说，用不着生这么大气。

5 至于 zhìyú（介）as for; as to

用在句子或分句开头，引进另一话题。"至于"后边的名词、动词等就是话题。例如：

"至于" is used at the beginning of a sentence or a clause to bring in another topic. The verb or noun, etc. that follows "至于" is the new topic, e.g.

（1）他平淡地说："这些书都是你用得着的，至于钱，回头再说吧。"

（2）我知道这是四川菜，至于怎么做的，我就不知道了。

（3）这只是我的一点儿意见，至于你们赞成不赞成，那我就不管了。

（4）听说山本病了，至于什么病，可能玛丽清楚，你去问问玛丽吧。

五 练习 Liànxí Exercises

1 语音 Phonetics 05-3

（1）辨音辨调 Distinguish the pronunciations and tones

其实	qíshí	启事	qǐshì
民航	mínháng	迷航	míháng
招手	zhāo shǒu	招收	zhāoshōu
地道	dìdao	地道	dìdào
熟悉	shúxi	梳洗	shūxǐ
犹豫	yóuyù	由于	yóuyú

地面	dìmiàn	体面	tǐmiàn
打听	dǎting	大厅	dàtīng

（2）朗读 Read out the following idioms

入乡随俗	rùxiāng-suísú
事在人为	shìzàirénwéi
熟能生巧	shúnéngshēngqiǎo
勤能补拙	qínnéngbǔzhuō
己所不欲，勿施于人。	Jǐsǒubúyù, wùshīyúrén.

2 词语 Read out the following phrases

邀请朋友	邀请客人	热情邀请	受到邀请
说得平淡	生活平淡	平淡地说	过得很平淡
发现问题	发现错误	发现变化	发现新问题
准备考试	准备午饭	准备出发	没有准备
跟他打交道	好打交道	不好打交道	常打交道

3 选词填空 Choose the right words to fill in the blanks

A. 打交道　地道　没准儿　实在　再说　打招呼　至于
犹豫　同时　其实

（1）今天没有时间了，我们明天________吧。
（2）你看他像中国人，________他是日本人。
（3）她汉语说得真________。
（4）我________想不起来把钥匙放在什么地方了。
（5）我只听说他要去台湾开会，________什么时候去我就不知道了。
（6）我已经努力了，________能不能毕业，就看考试结果了。

（7）中国人________的方法很多，像“你去哪儿了？”“你吃了吗？”等都是。

（8）这件事你不能再________了，应该决定了。

（9）你把你的地址告诉我，________我还有机会去你们国家旅行呢。

（10）她现在不来，________今天就不来了。

（11）学习汉语不但要学习语言，________还要了解中国的社会和文化。

（12）学了汉语，以后跟中国人________就方便多了。

B.

（1）我早就________去书市买书比较便宜，所以今天我一定要去书市逛逛。（听说　打听）

（2）________他不在这个公司了，你能不能帮我________一下儿他到哪个公司去了。（听说　打听）

（3）她从小在北京长大，汉语说得很________，开始时我还以为她是中国人呢。（地道　流利）

（4）她这人说话________，你不要听她的。（没准儿　不一定）

（5）今天的晚会，他________参加得了，我们不要等他了。（没准儿　不一定）

（6）都快九点了，又下这么大雨，今天________她不来了。（没准儿　不一定）

4 用括号里的词语完成句子 Complete the sentences with the words in the brackets

（1）爬到这儿，我已经很累了，他们还要往上爬，____。（实在）

（2）＿＿＿＿＿＿＿＿＿＿＿＿＿＿，我愿意跟她交朋友。（实在）
（3）她告诉我下个月要来中国，＿＿＿＿＿＿＿＿＿＿＿。（至于）
（4）我听说过这本书，＿＿＿＿＿＿＿＿＿＿＿＿＿＿＿。（至于）
（5）我的作业还没有做完呢，晚上看不看电影，＿＿＿＿＿＿＿
＿＿＿＿＿＿＿＿＿＿＿＿＿＿＿＿＿＿＿＿＿。（犹豫）
（6）我最后一次去上海还是两年前，＿＿＿＿＿＿＿＿＿＿＿。
（之后）
（7）虽然她说要买，＿＿＿＿＿＿＿＿＿＿＿＿＿＿＿＿。（其实）
（8）从那次跟他见面以后，＿＿＿＿＿＿＿＿＿＿＿＿＿。（至今）

5 用括号里的词语完成会话 Complete the dialogues with the words in the brackets

（1）A：好久没去爬山了，这个星期日咱们去爬山，好吗？
B：这个星期日我实在没时间，＿＿＿＿＿＿＿＿＿。（回头）

（2）A：给你买菜的钱。
B：我这儿有钱，＿＿＿＿＿＿＿＿＿＿＿＿＿＿＿＿。（回头）

（3）A：他长得真像中国人。
B：＿＿＿＿＿＿＿＿＿＿＿＿＿＿＿＿＿＿＿＿＿＿＿。（其实）

（4）A：你觉得他这个人怎么样？
B：我觉得＿＿＿＿＿＿＿＿＿＿＿＿＿＿＿＿＿＿＿＿。（实在）

（5）A：都快八点了，他怎么还不来呢？
B：＿＿＿＿＿＿＿＿＿＿＿＿＿＿＿＿＿＿＿＿＿＿。（没准儿）

（6）A：你说我去不去留学呢？
B：这是多好的机会呀，＿＿＿＿＿＿＿＿＿＿＿＿＿。（犹豫）

6 连句成段 Rearrange the sentences into paragraphs

（1）A. 可能是因为那里从来没有去过外国人吧
B. 一天我跟一个中国朋友去了他的家乡——一个小山村
C. 所以我一到，很多人就都围着我看
D. 走到路上，常常听到孩子们叫：“外国人！外国人！”
E. 我想这是因为我的头发太黄，眼睛太蓝，跟他们长得不一样，所以他们感到奇怪

____

（2）A. 我也是名胜古迹，不能免费参观，如果你们要看我，就快来买票
B. 他们一听都哈哈大笑起来
C. 中国人 15 块，外国人 10 块
D. 看那么多人跟着我，我就站住了，对他们说
E. 看到他们笑得那么开心，我觉得这些孩子非常可爱

____

7 改错句 Correct the sentences

（1）中国人常常打招呼我“你去哪儿了？”。

____

（2）他们家有四口人，他和妻子、两个女儿子。

____

（3）我打交道了一个中国同学，她是个美丽的姑娘。

____

（4）他们招手我，但是我不想理他们。

____

（5）今天天气不好，你要穿多衣服，不至于感冒。

____

（6）我至今没把香港去过。

____

8 情景表达 Language and context

1. 下列句子什么情景下说？ In which situations do we use the following sentences?

（1）我们愉快地聊了一路。

（2）有空儿来家里玩儿吧。

（3）最近太忙，回头再说吧。

2. 下列情景怎么说？ How do we describe or what do we say in the following situations?

（1）朋友邀请你去他家，可是你正好有事，又不能决定什么时候去。（至于）

（2）朋友问你暑假后还要不要继续在中国学习，你现在还决定不了。（犹豫）

（3）你要回国了，有些东西不需要了，你想把它们送给朋友。（用不着）

9 综合填空 Fill in the blanks

补充生词 Supplementary words

①	占	zhàn	to occupy
②	白	bái	for nothing

③ 热情	rèqíng	warm-hearted
④ 奇怪	qíguài	strange
⑤ 责任	zérèn	duty; responsibility
⑥ 未来	wèilái	future
⑦ 珍惜	zhēnxī	to value

占座位

我是去年九月到这个大学学习的。以前曾在另一个学校学过一年汉语。刚来中国时我只是想看看，玩儿玩儿，没想好好儿学，对自己没有什么要求，常常不上课，跟朋友一起到外边去逛。来到这个学校以后，才发现过去的一年真是白过了，学到的东西太少了，汉语水平一点儿也没有提高。而且，我从来没去过学校的图书馆。

这一天，因为要准备考试，宿舍楼里不太安静，我只好去图书馆复习。到阅览室一看，一个空座位也没有，所有的座位都已经有人了。这时一个中国同学让我坐他的位子，我觉得很不好意思。他还告诉我，要想在这儿看书①________应该早点儿来。

第二天上午我没有课，所以吃了早饭就又到图书馆去了，心想这次一定能找到一个好座位。②________进去以后，还是没有空座位，因为中国同学去得比我早得多。

第三天，我一吃完早饭，就急急忙忙往图书馆跑去，远远看到一群人站在图书馆门口等着开门。天啊！这么早就来了这么多人！

大门一开，人们就都往里走，③________也随着人流挤了进去，还好，这次我找到了一个座位。坐在座位上，我想了好久，中国同学的学习热情怎么这么高？他们为什么这么努力呢？

后来，我认识④________一个中国同学。看到她星期天也不休息，就问她，你们为什么这么努力呢？⑤________看了我一眼，觉得我问的问题很奇怪，不过她还是回答了我的问题，而且很认真。她说："在中国考上好大学很不容易，很多同学因为少一分就进不了理想大学的门，所以，我们大学生总是感到身上有很重的责任。要说为什么，我可以告诉你，一是为了国家的富强，⑥________是为了我自己的未来。"

我明白了。我想我应该⑦________他们学习。从此以后，我差不多每天都来图书馆和中国同学一起学习。在拥挤的人群中，我学会了珍惜时间，⑧________学到了很多书本上没有的东西。

10 交际会话 Communication

邀请　Inviting

A：最近有时间吗？

B：什么事儿？

A：请你到我家去玩儿。我刚搬了新家，你去看看，顺便吃顿便饭。

B：好啊。什么时候？

A：这个星期六上午，行吗？

B：行啊。

A：如果你先生和孩子愿意的话，一块儿来吧。

B：好，谢谢了！

A：谢什么。

推辞　Declining

A：你今晚有空儿吗？

B：我今晚要参加一个晚会。有事儿吗？

A：没什么重要事儿。咱们好久不见了，想请你来我家玩儿玩儿。

B：真对不起，我今天实在没时间。

Dì-liù kè
第六课
Lesson 6

Chī pútao
吃葡萄
Eating grapes

一 课文 Kèwén Text 06-1

我家院子里种着一棵葡萄树，几年来一直半死不活的。不料，去年竟然长出了许多叶子，还结了许多葡萄。当秋天到来的时候，那一串串紫红色的葡萄，看了真让人高兴。摘下来一尝，特别甜，就想送一些给别人尝尝，让大家也分享一下儿我收获的喜悦。

我把葡萄送给一个做生意的朋友。他接过去，用两个手指捏了一颗送进嘴里，说："好吃，好吃。"接着就问："多少钱一斤？”我说不要钱，只是想请他尝尝。他不愿意，说不能白吃，坚持要付钱。没办法，我只好收下了他的钱。

我把葡萄送给一位领导。他接过我的葡萄后一直注视着我，然后低声问：“你有什么事儿要办吗？”我告诉他，我没有什么事儿，只是想让他尝尝这棵老树结的新葡萄。他吃了我的葡萄，但是从他脸上的表情看得出来，他并不相信我的话。

我把葡萄送给漂亮的女邻居。她感到有些意外，她的丈夫更是一脸的警惕。我很尴尬，忙说这是从自己家的葡萄树上摘下来的，很甜，很好吃，想请大家尝尝。那男的像吃毒药一样吃了一颗。没想到，那天晚上他们家就传来了吵架声。

我把葡萄送给隔壁的一个小孩儿。他吃了还想再吃，脸上露出甜甜的笑，嘴里也甜甜地说着：“这种葡萄好甜啊！谢谢叔叔！”然后一蹦一跳地把葡萄拿走了。

我很高兴，我终于找到了一个人，一个真正吃葡萄的人。

（根据《文汇报》王建光的文章改写）

回答课文问题 Answer the questions according to the text

（1）作者为什么要把葡萄送给别人吃？
（2）作者送的第一个是什么人？他是什么态度？
（3）作者送的第二个是什么人？他为什么问“你有什么事儿要办吗”？
（4）作者送的第三个是什么人？那个人的丈夫为什么和她吵架？
（5）作者送的第四个是什么人？他是什么态度？
（6）你觉得这篇文章要说明什么？

二 生词 Shēngcí New Words

06-2

1.	葡萄	pútao	（名）	grape
2.	来	lái	（名）	up to the present
3.	半死不活	bànsǐ-bùhuó		half dead
4.	不料	búliào	（连）	unexpectedly; to one's surprise
5.	竟然	jìngrán	（副）	unexpectedly; to one's surprise
6.	许多	xǔduō	（数）	many
7.	叶子	yèzi	（名）	leaf
8.	当	dāng	（介）	just at (a time or place)
9.	串	chuàn	（量）	(*a measure word for a string of things*) string; bunch
10.	紫	zǐ	（形）	purple
11.	摘	zhāi	（动）	to pick; to pluck
12.	分享	fēnxiǎng	（动）	to share
13.	收获	shōuhuò	（名、动）	harvest; to harvest
14.	喜悦	xǐyuè	（形）	joyous; happy
15.	生意	shēngyi	（名）	business
16.	手指	shǒuzhǐ	（名）	finger
17.	捏	niē	（动）	to hold between the finger and thumb; to pinch
18.	颗	kē	（量）	*a measure word for small and round things*
19.	嘴	zuǐ	（名）	mouth
20.	白	bái	（副）	free of charge; in vain; for nothing
21.	注视	zhùshì	（动）	to gaze at
22.	低声	dī shēng		in a low voice

	低	dī	（形）	low
	高声	gāo shēng		aloud; loudly
23.	表情	biǎoqíng	（名）	facial expression; look
24.	并	bìng	（副）	(*used before a negative to reinforce it*) actually; definitely
25.	邻居	línjū	（名）	neighbor
26.	意外	yìwài	（形、名）	unexpected; unforeseen; accident
27.	丈夫	zhàngfu	（名）	husband
28.	警惕	jǐngtì	（动）	to be on guard against
29.	尴尬	gāngà	（形）	awkward; unnatural; embarrassed
30.	毒药	dúyào	（名）	poison
31.	传	chuán	（动）	to convey; to spread
32.	吵架	chǎo jià	（动）	to quarrel
33.	隔壁	gébì	（名）	neighbor; next door
34.	露	lù	（动）	to show
35.	蹦	bèng	（动）	to leap
36.	跳	tiào	（动）	to jump
37.	真正	zhēnzhèng	（形）	real; genuine

三 注释 Zhùshì　Notes

1 几年来一直半死不活的 It has always been neither dead nor fully alive in the past few years.

"半……不……"常用在意思相反的两个词前，表示相对的两种情况同时存在。常含有不满、不喜欢的意思。例如：

"半……不……" is often used before two words opposite in meaning, indicating two contrasting situations exist at the same time. This structure is often used to express dissatisfaction or dislike, e.g.

半新不旧：no longer new

半生不熟：half-cooked

半懂不懂：not completely understand

2 一脸的警惕 a face full of alert

汉语的有些名词可以临时被借用来作名量词，后边可以加“的”。例如：

Some Chinese nouns may be borrowed as nominal measure words, with “的” added after them, e.g.

一脸汗、一手土、一桌子菜、一屋子的烟

这里的“一”有“满”的意思。“一脸的警惕”描写一个人警惕的表情。

“一” means “full of”. “一脸的警惕” describes a person’s watchful facial expression.

3 这种葡萄好甜啊！ These grapes are really sweet.

好，副词。表示程度深，有感叹的语气。例如：

“好” is an adverb, indicating a high degree and having an exclamatory tone, e.g.

好大啊！好高啊！好热闹啊！

四 词语用法 Cíyǔ yòngfǎ Usage

1 不料 búliào（连）unexpectedly; to one’s surprise

“没想到”的意思。用在后半句的开头，表示转折。例如：

“不料” means “unexpectedly”. It is used at the beginning of the latter part of a compound sentence to indicate a turn in meaning, e.g.

(1) 我家院子里种着一棵葡萄树，几年来一直半死不活的。不料，去年竟然长出了许多叶子，还结了许多葡萄。

(2) 我以为她不愿意跟我一起去，不料她说很高兴和我一起去。

(3) 他原来说有事不能来参加晚会了，不料今天他早早地就来了。

(4) 已经是春天了，不料竟下起雪来了。

用法对比：“不料” 和 “没想到”

Compare: “不料” and “没想到”

“不料” 就是 “没想到”，但是 “不料” 是连词，不能作谓语，“没想到” 可以作谓语。例如：

“不料” means the same as “没想到”. However, it is a conjunction and cannot be used as a predicate, while “没想到” can be used as a predicate, e.g.

(1) 我们出门时天气还好好儿的，不料 / 没想到半路下起了雨。

(2) 突然发生这样的事，是我们谁都没想到 /* 不料的。

(3) 真没想到 /* 不料，在这里遇到了多年不见的好朋友。

(4) 谁也没想到 /* 不料小王会跟他结婚。

2 竟然 jìngrán（副）unexpectedly; to one's surprise

表示 “意外，没想到（出现这样的情况或结果）”。有时也说 “竟”。常见的用法有：

“竟然” means “to one's surprise” or “have never imagined (such a circumstance or result would appear)”. It is sometimes equivalent to “竟”. It's usually used in the following ways:

1 竟然 + 动词词组 竟然 + verbal phrase

(1) 我家院子里种着一棵葡萄树，几年来一直半死不活的。不料，去年竟然长出了许多叶子，还结了许多葡萄。

(2) 他工作太忙了，竟然把妻子的生日都忘了。

（3）没想到，昨天竟然在地铁里遇到了中学的同学。

（4）电视里说，已进入初（chū, early）夏的长江地区竟然下了一场雪。

2 竟然＋形容词词组　竟然＋adjectival phrase

（1）没想到这次考试题竟然这么简单。

（2）这种树还能开花，而且开的花竟然这么漂亮。

3 一＋动词 yī + dòngcí　一＋Verb

表示经过某一短暂的动作就得出某种结果或结论。例如：

"一 + verb" indicates that an outcome or a conclusion is drawn through a quick action, e.g.

（1）我摘下来一尝，特别甜。

（2）他一说，我们都笑了。

（3）我回头一看，她的车已经开过来了。

4 只是 zhǐshì（副）only; just; merely; nothing but

（1）我没有什么事儿，只是想让你尝尝这棵老树结的新葡萄。

（2）我只是问问你，没有别的意思。

（3）我只是认识她，对她并不了解。

5 并 bìng（副）actually; definitely

用在否定词前边，强调否定，有反驳的语气。例如：

"并" is used before a negative word to make an emphasis indicating a tone of refutation, e.g.

（1）他吃了我的葡萄，但是从他脸上的表情看得出来，他并不相信我的话。

（2）你说他笨，其实他并不笨。

（3）你说她回国了，其实她并没有回国，是去旅行了。

（4）我并没有对他说过这件事，不知道他是怎么知道的。

6 一……一…… yī……yī…… ... and ...

"一……一……"有多种用法。

"一……一……" is usually used in the following ways:

1. 分别用在同类动词的前面，表示动作是连续的。例如：

"一" is respectively used before verbs of the same type to indicate the continuity of the actions, e.g.

一蹦一跳、一走一拐

2. 分别用在相对的动词前面，表示动作交替进行。例如：

"一" is respectively used before verbs opposite in meaning to indicate the alternation of two actions, e.g.

一问一答

3. 分别用在两个同类名词或名词性成分前面，表示整个或数量少。例如：

"一" is respectively used before nouns or nominal elements of the same type to emphasize the whole or a small quantity, e.g.

一心一意、一针一线、一草一木、一言一行、一举一动

五 练习 Liànxí Exercises

1 语音 Phonetics 06-3

（1）辨音辨调 Distinguish the pronunciations and tones

葡萄	pútao	辅导	fǔdǎo
生意	shēngyi	生疑	shēng yí
收获	shōuhuò	售货	shòu huò

意外	yìwài	以外	yǐwài
真正	zhēnzhèng	真诚	zhēnchéng

（2）朗读 Read out the following sayings

不经一事，不长一智。	Bù jīng yí shì, bù zhǎng yí zhì.
不比不知道，一比吓一跳。	Bù bǐ bù zhīdào, yì bǐ xià yí tiào.
无求到处人情好，	Wú qiú dàochù rénqíng hǎo,
不饮随它酒价高。	Bù yǐn suí tā jiǔjià gāo.

2 词语 Read out the following phrases

一脸警惕	一脸汗	一身汗
真正的朋友	真正的友谊	真正好吃
有些意外	有些犹豫	有些尴尬
分享收获的喜悦	分享胜利的喜悦	分享成功的喜悦
结了许多葡萄	结了很多苹果	结了很多枣

3 选词填空 Choose the right words to fill in the blanks

高兴　许多　意外　不料　尴尬　真正　注视　传　分享
竟然　半死不活

（1）我不会养（yǎng, to grow）花儿，我家的花儿都让我养得________的。

（2）我们出门时天气还很好，________走到半路突然下起雨来了。

（3）他刚学了半年汉语，________能说得这么好。

（4）来中国后我交了________朋友。

（5）我愿意和朋友________快乐。

（6）拿到毕业证时，我的心里有说不出的________。

（7）这件事让我感到很________。

（8）他的表情很________。

（9）他们两个是________的朋友。

（10）这个消息是怎么________到你耳朵（ěrduo, ear (s)）里去的？

（11）上课时，同学们都________着黑板。

4 用括号里的词语完成句子 Complete the sentences with the words in the brackets

（1）我正要做饭，________________________。（不料）

（2）我们已经好多年没见过面了，________________。（竟然）

（3）今年，当葡萄熟了的时候，________________。（也许）

（4）我和一个中国同学去饭馆儿吃饭，吃完饭，他坚持要替我付钱，________________________。（只好）

（5）我跟这位同学不太熟，________________。（只是）

（6）我对她说的那些话，________________。（意外）

5 用括号里的词语完成会话 Complete the dialogues with the words in the brackets

（1）A：这是你养的花儿啊？

B：是啊。我不太会养花儿，________________________。

（半死不活）

（2）A：我送给你那盆（pén, pot）花儿长得好吗？

B：开始的时候长得好极了，________________。（不料）

（3）A：今天，我多找了一个顾客（gùkè, customer）八十块钱，________________________________。（不料）

B：是吗？你遇到好人了。

（4）A：你听说了吗？小王跟小马离婚了。

B：是吗？________________。（意外）

（5）A：他愿意跟我们一起去吗？

B：他跟我说他愿意，可是________________。

（看得出来　并不）

6 连句成段 Rearrange the sentences into paragraphs

（1）A. 因此，来中国留学后，我就去音乐学院找了一位老师教我弹琵琶

B. 他留给我最初的印象是太严厉，脸上没有一点儿笑容

C. 来中国以前，我就觉得中国的琵琶非常神奇，也非常有意思

D. 和老师第一次见面时我有点儿不好意思

____

（2）A. 有着读书人那种“心底无私天地宽”的品格

B. 我的老师都是很好的人，他们的收入虽然远没有国外的高

C. 面对外面花花绿绿的世界，他们的心里却很平静

D. 可他们好像不太在乎这些

E. 因此，我感到很幸运，遇到了这么好的老师，他们的优秀品格将影响我的一生

____

7 改错句 Correct the sentences

（1）虽然我们两个不久认识，但很快成了好朋友。

____

（2）今天该上口语课，老师不料没来。

____

（3）每次舞会她都不参加，没想到今天竟然她参加。

____

（4）她是我的老师并是我的朋友。

____

（5）星期六晚上我都特别睡得晚。

____

（6）学校里的花儿开得非常特别好看。

____

8 情景表达 Language and context

1. 下列句子什么情景下说？ In which situations do we use the following sentences?

（1）我想让朋友和我分享快乐和喜悦。

（2）没办法，我只好这样做。

（3）当时我真的感到非常尴尬。

2. 下列情景怎么说？ How do we describe or what do we say in the following situations?

（1）你的书包丢了，不久有人给你送回来了。 （没想到）

（2）你买了一件和朋友一样的衣服，但价钱却比朋友的贵得多。 （竟然）

（3）你送给朋友一件小礼物，他问你为什么。 （只是）

9 综合填空 Fill in the blanks

补充生词 Supplementary words

①	搭档	dādàng	partner
②	羽毛球	yǔmáoqiú	badminton
③	现象	xiànxiàng	phenomenon
④	埋怨	mányuàn	to complain
⑤	闹	nào	to make a scene; to stir up trouble
⑥	经验	jīngyàn	experience

换换搭档

邻居一个小女孩儿①________一家体育馆工作。她说："在羽毛球馆看人打球，发现了一②________非常有趣的现象。"

两对夫妻双打，当然是两位先生和各自的太太搭配。奇怪③________是，夫妻之间常常吵架，男的说女的打④________不对，女的说男的打⑤________不好，两人互相埋怨，结果闹得几乎无法再继续打下⑥________了。

这时候，邻居女孩儿很有经验地走过去，⑦________他们"换换搭档"，就是让各自的太太换到对方一边去，再开始打。

结果，球场⑧________充满了欢笑，双方打得高高兴兴，不愿离去。

10 交际会话 Communication

追问 Making a detailed inquiry

A：我问你一个问题，可以吗？

B：当然可以。什么问题？你说吧。

A：我的问题是，一个人该不该和别人分享快乐和喜悦？

B：当然应该。一个善良的人，在他得到快乐的时候，会自然（zìrán, naturally）地想到与别人分享。

A：那为什么这个送葡萄的人竟遇到那么多的麻烦？

B：我想这个故事当然不只是说送葡萄，它表现的是人和人之间的关系。

A：人和人之间的关系为什么这么复杂（fùzá, complicated）？为什么善良的人总是那么容易被误解？

B：这可能就是作者想要告诉我们的吧。

Dì-qī kè
第七课
Lesson 7

Chéngyǔ gùshi
成语故事
Idiom stories

一 课文 Kèwén Text

（一）滥竽充数 07-1

中国古代有一种乐器，叫作竽，吹出来的声音很好听。国王特别爱听。

国王的乐队有三百个吹竽的人。他喜欢听合奏，总是让这三百人一齐吹竽，优美的音乐让他听得入迷。一天，一个叫南郭先生的人抱着一个竽来见国王，吹牛说："我也会吹竽，而且吹得不比他们中的任何一位差。"国王相信了他的话，就收下了他，叫人给他吃的、穿的。南郭先生一点儿也不客气，专要好的吃，专挑好的穿，却把竽丢在一边。原来他根本不会吹竽。每到合奏的时候，南郭先生就坐在乐队里，做出一副吹竽的样子，骗过国王。他就这样一天天地混饭吃。

后来国王死了，他的儿子当了国王。新国王也喜欢听吹竽。不过，跟他父亲不一样的是，他爱听独奏，不喜欢听合奏。这可吓坏了南郭先生，他觉得自己再也混不下去了，就偷偷儿地溜走了。

（二）自相矛盾 07-2

从前，有个卖矛又卖盾的人，为了吸引顾客，高声叫卖："快来看，快来瞧，快来买我的盾和矛！"他先举起自己的盾说："我的盾特别坚固，不管用什么锋利的矛去刺，都刺不透。"接着，他又大声喊："快来瞧，快来看，不锋利不要钱！"一边喊一边又举起自己的矛，大声说："你们再看看我的矛，它锋利无比，不管多么坚固的盾，它都刺得透。"

站在旁边的人听了他的话，觉得很可笑。其中一个人站出来问他："既然你的盾坚固得什么也刺不透，你的矛又锋利得什么都刺得透，那么，用你的矛去刺你的盾，结果会怎么样呢？"

这个卖矛和盾的人，被问得说不出话来。

回答课文问题 Answer the questions according to the text

（1）南郭先生为什么能混进乐队里去？
（2）后来南郭先生为什么溜走了？
（3）那个卖矛又卖盾的人是怎么叫卖的？
（4）别人问了他一个什么问题？
（5）这两个成语分别要说明什么？

二 生词 Shēngcí New Words 07-3

1. 成语	chéngyǔ	（名）	idiom
2. 滥竽充数	lànyú-chōngshù		(of incompetent people or inferior goods) to be there just to make up the number; to mess up the number with sth. inferior

竽	yú	（名）	an ancient wind instrument
3. 乐器	yuèqì	（名）	musical instrument
4. 吹	chuī	（动）	to play (a wind instrument)
5. 国王	guówáng	（名）	king
6. 乐队	yuèduì	（名）	orchestra; band
7. 合奏	hézòu	（动）	to have an instrumental ensemble
8. 一齐	yìqí	（副）	at the same time; simultaneously; in unison
9. 入迷	rù mí	（动）	to be enchanted
10. 吹牛	chuī niú	（动）	to boast; to brag; to talk big
11. 任何	rènhé	（代）	any
12. 差	chà	（形）	bad
13. 专	zhuān	（副）	only
14. 丢	diū	（动）	to put or lay aside
15. 根本	gēnběn	（副、名、形）	at all; source; fundamental
16. 副	fù	（量）	*a measure word for facial expressions*
17. 混	hùn	（动）	to mix; to mingle
18. 死	sǐ	（动、形）	to die; dead
19. 儿子	érzi	（名）	son
20. 独奏	dúzòu	（动）	to play a solo
21. 吓	xià	（动）	to frighten
22. 溜	liū	（动）	to sneak (away)
23. 自相矛盾	zìxiāng-máodùn		paradoxical; self-contradictory
矛	máo	（名）	spear
盾	dùn	（名）	shield
矛盾	máodùn	（动、形、名）	to contradict; contradictory; contradiction

24. 从前	cóngqián	（名）	past
25. 吸引	xīyǐn	（动）	to attract
26. 顾客	gùkè	（名）	customer
27. 叫卖	jiàomài	（动）	to cry one's wares; to peddle
28. 瞧	qiáo	（动）	to look
29. 举	jǔ	（动）	to lift; to raise; to hold up
30. 坚固	jiāngù	（形）	strong; solid; firm
31. 锋利	fēnglì	（形）	sharp
32. 刺	cì	（动）	to stab; to prick
33. 透	tòu	（动）	to penetrate
34. 喊	hǎn	（动）	to shout; to cry out
35. 无比	wúbǐ	（动）	to be incomparable
36. 不管	bùguǎn	（连）	no matter (what, how, etc.); regardless of
37. 其中	qízhōng	（名）	among; of; in
38. 既然	jìrán	（连）	since; now that

专名 Zhuānmíng　Proper Nouns

南郭先生	Nánguō xiānsheng	Mr. Nanguo

三 注释 Zhùshì　Notes

1 骗过国王 fooled the emperor

"过"，动词。作结果补语用，表示通过、达到目的。例如：

The verb "过" is used as a complement of result to indicate "having passed or accomplished one's purpose", e.g.

（1）你出国留学的事，怎么能瞒过父母呢？应该跟他们商量啊。

（2）你真行，这么难的考试竟然考过了八十分。

2 南郭先生觉得自己再也混不下去了…… Mr. Nanguo realized he could no longer manage to get by...

"动词 + 下去"表示动作继续到将来。例如：

"Verb + 下去" indicates the continuation of an action, e.g.

（1）虽然遇到了一点儿困难，但是我们公司的业务还是要开展下去。

（2）请听他说下去。

（3）她哭得说不下去了。

四 词语用法 Cíyǔ yòngfǎ　Usage

1 入迷 rù mí（动）to be enchanted; to be enraptured

常说"对……入迷"。不能带宾语。如，不能说"我入迷音乐"，应该说"我对音乐入迷"。例如：

"对……入迷" is often used. It cannot be followed by an object. For example, "我入迷音乐" is wrong, but "我对音乐入迷" is right, e.g.

（1）优美的音乐让人听得入迷。

（2）他看足球比赛看得入迷。

（3）这个孩子对电脑游戏入了迷。

2 任何 rènhé（代）any; whatever; whichever; whoever

表示不论什么（人或事物）。在句子中作定语。例如：

It is used as an attributive to mean "no matter who/what...", e.g.

（1）我也会吹竽，而且吹得不比他们中的任何一位差。

（2）只要你想干成一件事，就不要怕任何困难。

（3）做任何事情都不可能随随便便成功。

3 动词 + 下 dòngcí + xià Verb + 下

“下”作结果补语，表示接受、容纳、完成等。例如：

“下” is used as a complement of result to indicate the acceptance/accommodation of something or the completion of an action, etc, e.g.

（1）国王相信了他的话，就收下了他。

（2）这是我们送给你的生日礼物，请你收下吧。

（3）这个教室能坐下六十人。

（4）我把这套房子买下了。

（5）这些东西我都用不着了，都给你留下吧。

4 根本 gēnběn（副、名、形）at all; source; fundamental

1 （副）完全、始终（多用于否定句）；本来、从来；彻底 Completely; at all; ever (*mostly used in negative sentences*); originally; all along; thoroughly

（1）原来他根本不会吹竽。

（2）你说的这个人我根本不认识。

（3）今天的会根本没通知我。

（4）我根本没有学过法语，怎么看得懂法文书呢？

（5）要根本解决贫困（pínkùn, poverty）问题，只有发展经济。

2 （名）事物的本源或最重要的部分 The source or the most important part of something

（1）解决（jiějué, to solve）水的问题是这个城市发展的根本。

（2）要从根本上解决环境问题。

3 （形）最重要的；起决定作用的 The most important; decisive

（1）王老师不但课上得好，而且对我们每个人都特别好，这就是我们大家喜欢他的根本原因。

（2）推进（tuījìn, to promote）改革是发展中国经济（jīngjì, economy）的一个根本问题。

5 为了 wèile（介）for; in order to

表示动作的目的或动机。常用在句子开头。例如：

"为了" is used to indicate the purpose or motive to do something. It is often used at the beginning of a sentence, e.g.

（1）为了吸引顾客，他高声叫卖。

（2）为了种树，几年来他们就吃住在山上。

（3）为了演好这个节目，他们常常练到很晚。

（4）为了跟老师学太极拳，我每天都起得很早。

用法对比："为了"和"为"

Compare: "为了" and "为"

"为"可以表示行为的对象、原因和目的，而"为了"只表示动作行为的目的。"为"后边常常跟词或词组，"为了"后边可以跟词组也可以跟句子。在表示动作行为目的时可以用"为"也可以用"为了"，但是表示动作行为的对象时，只能用"为"不能用"为了"。例如：

"为" can be used to indicate the object, cause and purpose of an action, while "为了" is only used to indicate the purpose of an action or behavior. "为" is often followed by a word or phrase, while "为了" can be followed by a phrase or a sentence. Both of them can be used to indicate the purpose of an action or behavior. However, only "为" can be used to indicate the object of an action or behavior, while "为了" cannot. For example:

（1）我学汉语是为了/为将来当翻译。

（2）为了/为能去中国留学，他每天都到咖啡馆儿打工挣钱。

（3）我真为/*为了你感到高兴。

（4）能为/*为了大家办点儿事儿，我感到很愉快。

6 不管 bùguǎn（连）no matter (what, how, etc.); regardless of

和“都”或“也”一起用。表示在任何条件下结果或结论都不会改变。例如：

“不管” is used together with “都” or “也” in a sentence to emphasize that a result or conclusion will not change under any circumstances, e.g.

（1）我的盾特别坚固，不管用什么锋利的矛去刺，都刺不透。

（2）不管遇到什么情况，她都能坚持上课。

（3）不管做什么事，她都非常认真。

（4）不管你回来不回来，都给我来个电话。

（5）不管刮风还是下雨，她从来也没有迟到过。

注意：“不管”后边一般要求有表示任指的疑问代词“什么、哪儿、谁、多少、怎么”等或者表示选择关系的并列成分。例如：

Note: “不管” is usually followed by an interrogative pronoun indicating general reference, such as “什么”, “哪儿”, “谁”, “多少”, “怎么”, etc., or by parallel elements as alternatives, e.g.

不能说：* 不管下大雨我们也去。

7 其中 qízhōng（名）among; in; of

那里面。可以作主语和定语。例如：

“其中” means “among; in; of”. It may be used as a subject or an attributive, e.g.

（1）站在旁边的人听了他的话，觉得很可笑。其中一个人站出来问他：“如果用你的矛去刺你的盾，结果会怎么样呢？”

（2）我们班一共十八个学生，其中有五个女学生。

（3）北京有很多公园，颐和园是其中最美的一个。

（4）中国有很多河，长江是其中最长的一条。

8 既然 jìrán（连）since; now that

常和“就”“也”“还”连用。用在复句的前一个分句中，提出一个已成为现实的情况，后一个分句据此推出结论。例如：

“既然” is often used together with “就”, “也”, or “还”. It is used in the first clause of a complex sentence to state a fact, while the second clause infers from this fact and draws a conclusion, e.g.

（1）既然你的盾坚固得什么也刺不透，你的矛又锋利得什么都刺得透，那么，用你的矛去刺你的盾，结果会怎么样呢？

（2）我既然要学汉语，就一定坚持学下去。

（3）东西既然丢了，着急也没用，以后小心点儿就是了。

（4）既然病了，就回宿舍休息吧。

（5）既然你已经知道了，还问我干什么？

五　练习 Liànxí　Exercises

1 语音 Phonetics　07-4

（1）辨音辨调　Distinguish the pronunciations and tones

成语	chéngyǔ	衬衣	chènyī
一齐	yìqí	一起	yìqǐ
从前	cóngqián	存钱	cún qián
顾客	gùkè	骨科	gǔkē
其中	qízhōng	期中	qīzhōng

（2）朗读　Read out the following sayings

百闻不如一见。	Bǎi wén bùrú yí jiàn.
初生牛犊不怕虎。	Chū shēng niúdú bú pà hǔ.
人怕出名猪怕壮。	Rén pà chū míng zhū pà zhuàng.
情人眼里出西施。	Qíngrén yǎnli chū Xīshī.

2 词语 Read out the following phrases

一齐唱	一齐走	一齐读
听得入迷	看得入迷	学得入迷
任何人	任何事情	任何地方
根本问题	根本解决	根本不可能
无比锋利	无比高兴	无比幸福
混不下去了	说不下去了	学不下去了
一句话也说不出来	一个句子也想不出来	

3 选词填空 Choose the right words to fill in the blanks

A. 可笑　一齐　矛盾　入迷　优美　偷偷儿　既然　其中　不管　根本

（1）请同学们________跟我读课文。
（2）这优美的音乐让我听得________。
（3）她来中国以前________没有学过汉语，你看她现在说得多好啊！
（4）________遇到什么困难都不要怕。
（5）她的话前后________，不知道应该相信哪一句。
（6）我怕父母不同意，正________办着出国手续呢。
（7）我从来没有见过这么________的人。
（8）我有两个照相机，________一个是朋友送给我的。
（9）________你喜欢这张画儿，就送给你吧。
（10）这首民歌真是太________了！

B.

（1）这种乐器吹________的声音特别好听。

A. 出去　　B. 上去　　C. 出来　　D. 起来

（2）她已经病了一个多月了，要是再病________，可能就得回国了。

A. 过去　　B. 下去　　C. 过来　　D. 起来

（3）我想给他发邮件，但是写了半天，连一句话也没写________。

A. 上来　　B. 出来　　C. 下来　　D. 出去

（4）老师问："谁愿意到黑板前边来听写？"我站________说："老师，我来吧。"

A. 出来　　B. 起来　　C. 过去　　D. 上来

（5）她难过得说________了。

A. 不下来　　B. 不出来　　C. 不下去　　D. 不起来

4 用括号里的词语完成句子 Complete the sentences with the words in the brackets

（1）我爸爸也喜欢听音乐，______________________。（不过）

（2）我看这个小伙子很实在，______________________。（就）

（3）我住在三层，昨天晚上我喝多了，回到宿舍，掏出钥匙开门，可怎么也开不开，______________________。（原来）

（4）既然你还想再学一年，______________________。（就）

（5）他是一个非常热情的人，______________________，他都愿意帮忙。（不管）

（6）______________________，我都会坚持下去的。（不管）

（7）____________________，她没有告诉朋友。（为了）

（8）____________________，他每天都起得很早。（为了）

5 用括号里的词语完成会话 Complete the dialogues with the words in the brackets

（1）A：这次汉语节目表演你演得真不错！

B：哪里，____________________。（滥竽充数）

（2）A：听说你妈妈住院了，你要不要回家去看看？

B：我____________________，我很想回家去看看，可是马上要考试了。（矛盾）

（3）A：他说一次能喝五瓶啤酒，你信不信？

B：____________________。（吹牛）

（4）A：你昨天不是跟他一起去的吗？

B：没有啊，____________________。（根本）

（5）A：你们不是好朋友吗？

B：谁说的？____________________。（根本）

（6）A：星期一就要考试了。

B：____________________，我们星期日晚上一定要回到学校。（不管）

（7）A：你到这儿来，你父母知道吗？

B：他们不知道，____________________。（偷偷儿）

（8）A：他说他看了昨天的比赛，可是我问他比赛的结果，他又说不知道。

B：____________________。（自相矛盾）

6 连句成段 Rearrange the sentences into paragraphs

（1）A. 这时，就听他们开始聊起我来了

B. 因为旅行太累了，实在没有精神跟身边的中国人聊天儿了

C. 有一次我坐在回北京的火车上

D. 就装出一句汉语也不懂的样子，把眼睛一闭，靠在椅子上

____

（2）A. 这个说，他可能是美国人；那个说，他一定是德国人

B. 为了继续听下去，我好容易才让自己没笑出来

C. 他们的话说得特有意思

D. 有的说，他穿着一条旧裤子，是个穷留学生；有的说，他也许是个记者

____

7 改错句 Correct the sentences

（1）她已经偷偷儿病了好几天了，我们都不知道。

____

（2）既然你病了，就不想去上课。

____

（3）既然这些是我学过的生词，所以我记住了。

____

（4）不管天气不好，我们也得去上课。

____

（5）不管这个问题非常难，我们都把它要解决（jiějué, to solve）。

____

（6）不管下大雨，我们也不怕。

____

（7）不但他不上课，而且去玩儿。

____

（8）老师的问题，我不但不会回答，她也不会回答。

____

8 情景表达 Language and context

1. 下列句子什么情景下说？ In which situations do we use the following sentences?

（1）我参加，不过我是滥竽充数。

（2）你这么说不是自相矛盾吗？

（3）你又吹牛。

2. 下列情景怎么说？ How do we describe or what do we say in the following situations?

（1）一个朋友说他一次能吃十个包子，你不相信。

（2）你们班要跟别的班踢足球比赛，你们班的队还少一个人，同学要你参加，你踢得不太好，但还是参加了。

（3）一个人常常对别人说自己不怕冷，但是每天穿得比别人都多。

9 综合填空 Fill in the blanks

补充生词 Supplementary words

① 刻舟求剑 kèzhōu-qiújiàn to carve the boat to seek the sword—to do sth. in disregard of the changed circumstances

刻	kè	to carve
剑	jiàn	sword
② 记号	jìhào	mark
③ 岸	àn	bank (of a river)

刻舟求剑

从前，有一个人坐船过①________，船走到河中间的时候，他不小心②________身上带的剑掉到河里③________了。这个人马上在船上刻了一个记号，还自言自语地说："我的剑就是④________这儿掉到河里去的。"

船在河里走了好久，终于到了岸边。这个人急忙从船上刻着记号的地方跳下水⑤________，找他的剑。你想，他怎么能⑥________到他的剑呢？

这也是中国一个很有名的成语故事，名字叫"刻舟求剑"。

10 交际会话 Communication

安慰　Comforting

A：我觉得中国人的想法很有意思。

B：你又发现什么有趣的事儿了？

A：有一次，我跟田芳一起去买东西，把钱包丢了。田芳对我说，丢了就丢了，别难过了，破财免灾。

B：什么意思？

A：开始我也不知道是什么意思，她就给我解释说，一个人丢了钱或什么东西，这就叫"破财"。因为破了财，所以可以免除（miǎnchú, to avert; to avoid）灾害（zāihài, disaster）。比如，不生病，不受伤，不出车祸（chēhuò, car accident），等等。

B：真的吗？

A：谁知道呢？不过，我丢了钱包以后，真的没有生过病，也没出过车祸。

B：你以前常生病吗？

A：我以前也不常生病，身体很健康。可是，我以前也常常丢钱丢东西呀。

Dì-bā kè

第八课 Lesson 8

Liàn'ài gùshi

恋爱故事

Love story

一 课文 Kèwén Text

08-1

我们班的赵霞聪明漂亮，大方开朗，是个人见人爱的女孩儿。我当然也很喜欢她。但我从没有跟别人说过，也没有向她做过任何表示，这是我心中的一个秘密，因为我知道，我的好朋友余辉也很喜欢她。

余辉和赵霞的家离得很近，他每次来找我玩儿都带着赵霞。看着心爱的女孩儿跟自己的好朋友有说有笑的情景，我心里有一种说不出的滋味，常常表现得很不自然，所以我总是尽量不跟他们在一起。

那是一个冬天的上午，天很冷，我病了，没去上课，一个人无聊地待在家里。忽然有人敲门，我开门一看，是赵霞。她手捧一束鲜花站在门口，脸冻得红红的，笑着问："我可以进去吗？"我请她进来。亲切的问候，浅浅的微笑，再加上这束鲜花，我感动得眼泪都快要流出来了。整个上午我都很开心。第一次和自己心爱的姑娘说了那么多话，我想，我已经不知不觉地表示了对她的感情。

一天，我突然发现电子信箱里有一封信，打开一看，是赵霞写的。信中说，她和余辉只是普通的朋友，她真正喜欢的是我。我立刻高兴得跳了起来。但是兴奋中也带着淡淡的忧愁。一连好几个晚上，我都翻来覆去睡不着。我想了很多，心里很矛盾。一个是自己爱恋已久的女孩儿，一个是自己最好的朋友，失去谁我都觉得是很大的遗憾。该怎么办呢？

我给赵霞回了一封信，把自己矛盾的心情告诉了她。

一个星期六晚上，余辉打电话要我去他家。当我赶到时，他已经喝了很多酒，哭着对我说："我失恋了，赵霞不喜欢我。而且她告诉我，她早就有男朋友了。"我默默地看着余辉，除了陪他喝酒以外，我还能做什么呢？

赵霞有男朋友的消息很快就在班上传开了。有人说她的男朋友是外交大学的研究生，长得很帅，学习也很好，正准备出国留学呢。说得跟真的一样，同学们都相信了。

后来，余辉有了新的女朋友。赵霞跟我恋爱的消息才慢慢公开。余辉问我："你们是怎么走到一起的？"我说："赵霞的男朋友出国后就把她给甩了，于是我们就走到了一起。"

"我早就料到那家伙不是好东西。"余辉说。

现在赵霞已经成了我的妻子，余辉仍然是我最好的朋友。

回答课文问题　Answer the questions according to the text

（1）赵霞是一个什么样的女孩儿？你遇到过这样的女孩儿吗？

（2）为什么"我"看到余辉和赵霞在一起，心里就有一种说不出的滋味？你尝过这样的滋味吗？

（3）“我”为什么尽量不跟他们在一起？
（4）“我”病了，为什么还觉得很开心？
（5）赵霞到底喜欢谁？
（6）当知道赵霞喜欢自己的时候，“我”是什么感觉？
（7）“我”的心里为什么很矛盾？如果是你，你会怎么办？
（8）赵霞跟“我”恋爱的消息是什么时候公开的？
（9）“我”处理问题的方法你赞成吗？为什么？

二 生词 Shēngcí　New Words

08-2

1. 恋爱	liàn'ài	（动、名）	to be in love; mutual love between a man and a woman
2. 聪明	cōngming	（形）	smart; clever
3. 大方	dàfang	（形）	natural and poised; easy; unaffected
4. 开朗	kāilǎng	（形）	sanguine; optimistic
5. 女孩儿	nǚháir	（名）	girl
男孩儿	nánháir	（名）	boy
6. 秘密	mìmì	（名）	secret
7. 心爱	xīn'ài	（形）	loved; treasured; dear to one's heart
8. 有说有笑	yǒushuō-yǒuxiào		to talk and laugh
9. 滋味	zīwèi	（名）	feeling
10. 自然	zìrán	（形、名）	natural; unaffected; at ease; not rigid; nature
11. 尽量	jǐnliàng	（副）	to the best of one's ability; as far as possible
12. 无聊	wúliáo	（形）	bored
13. 待	dāi	（动）	to stay

14.	敲	qiāo	（动）	to knock
15.	捧	pěng	（动）	to hold in both hands
16.	束	shù	（量）	(*a measure word*) bundle; bunch; sheaf
17.	亲切	qīnqiè	（形）	warm; close; affectionate; kind
18.	问候	wènhòu	（动）	to send one's regards to; to say hello to
19.	微笑	wēixiào	（动）	to smile
20.	加	jiā	（动）	to add; to plus
21.	整个	zhěnggè	（形）	whole
22.	不知不觉	bùzhī-bùjué		unconsciously; unwittingly
23.	突然	tūrán	（形、副）	sudden; suddenly
24.	电子信箱	diànzǐ xìnxiāng		electronic mailbox
25.	普通	pǔtōng	（形）	common; ordinary
26.	立刻	lìkè	（副）	immediately; at once; right away
27.	淡	dàn	（形）	light
28.	忧愁	yōuchóu	（形）	worried; troubled
29.	一连	yìlián	（副）	in a row; in succession; running
30.	翻来覆去	fānlái-fùqù		to toss and turn
31.	爱恋	àiliàn	（动）	to be in love with; to feel deeply attached to
32.	失恋	shī liàn	（动）	(of sb. in love) to lose the love of the other party; to be disappointed in love affairs
33.	男朋友	nánpéngyou	（名）	boyfriend
34.	默默	mòmò	（副）	quietly; silently
35.	消息	xiāoxi	（名）	news; message

36. 外交	wàijiāo	（名）	diplomacy
37. 女朋友	nǚpéngyou	（名）	girlfriend
38. 公开	gōngkāi	（动、形）	to make public; public
39. 一起	yìqǐ	（名）	together
40. 甩	shuǎi	（动）	to dump (a boyfriend/girlfriend)
41. 料	liào	（动）	to foresee; to anticipate
42. 家伙	jiāhuo	（名）	fellow; guy
43. 仍然	réngrán	（副）	still

专名 Zhuānmíng　Proper Nouns

1. 赵霞	Zhào Xiá	Zhao Xia, name of a person
2. 余辉	Yú Huī	Yu Hui, name of a person

三 注释 Zhùshì　Notes

我早就料到那家伙不是好东西。 I've predicted that the guy is a bad person.

汉语常用"东西"这个词来骂人，表示对某人的厌恶和不满。例如：

When "东西" is used to refer to a person, it connotes a sense of strong disgust and dissatisfaction, e.g.

（1）这家伙不是个东西。

（2）你是什么东西？为什么打女人？

把小孩儿说成"小东西"则有亲切、喜爱的感情。例如：

When "小东西" is used to describe a child, it connotes the speaker's affection, e.g.

（3）这个小东西，真聪明！

四 词语用法 Cíyǔ yòngfǎ Usage

1 尽量 jǐnliàng（副）to the best of one's ability; as far as possible

表示力求达到最大限度。在句子中作状语。例如：

"尽量" is used as an adverbial in a sentence, which means "to try one's best", e.g.

（1）看着心爱的女孩儿跟自己的好朋友有说有笑的情景，我心里有一种说不出的滋味，常常表现得很不自然，所以我总是尽量不跟他们在一起。

（2）你放心吧，只要我能做到的，我会尽量帮忙。

（3）在课堂上，要尽量多说、多问，这样才能提高听说能力。

（4）明天希望大家尽量早点儿来。

2 立刻 lìkè（副）immediately; at once; right away

表示紧接着某个时候，很快地。在句子中作状语。例如：

"立刻" is used as an adverbial meaning "immediately", e.g.

（1）她信中说，她真正喜欢的是我。我立刻高兴得跳了起来。

（2）听到这个消息，她立刻难过得哭了起来。

（3）请你立刻到办公室去，老师在那儿等你呢。

（4）吃了早饭我就立刻去机场接她。

用法对比："立刻" 和 "马上"

Compare: "立刻" and "马上"

"立刻" 表示动作发生的时间比 "马上" 更短。例如：

"立刻" is more quickly than "马上", e.g.

（1）我下了课就<u>立刻 / 马上</u>去医院看你。

（2）我弟弟<u>马上 /* 立刻</u>就要毕业了。

（3）飞机马上/*立刻就要起飞了，请大家系好安全带。

3 一连 yìlián（副）in a row; in succession; running

表示动作连续不断或情况连续发生。在句子中作状语。例如：

"一连" means "the continuation of an action or the continuous emergence of a circumstance". It is used as an adverbial in a sentence, e.g.

（1）一连好几个晚上，我都翻来覆去睡不着。

（2）一连下了两天雨，路上到处都是水。

（3）我一连喊他了好几声，他才听见。

（4）我一连给她写了好几封邮件，她都没有回。

4 仍然 / 仍 réngrán/réng（副）still

"仍然"和"仍"都是"还"（still）的意思，表示情况持续不变或恢复原状。用于动词或形容词前作状语。例如：

"仍然", or "仍", indicates a circumstance remains unchanged or is restored (synonym: 还), placed before a verb or an adjective as an adverbial, e.g.

（1）现在赵霞已经成了我的妻子，余辉仍然是我最好的朋友。

（余辉以前就是我的好朋友。）

（2）昨天有雨，今天仍然有雨。

（3）这个语法老师已经讲过了，可是我仍然不太懂。

（老师讲的这个语法以前我就不懂。）

五 练习 Liànxí Exercises

1 语音 Phonetics 08-3

（1）辨音辨调 Distinguish the pronunciations and tones

微笑 wēixiào　　　　微小 wēixiǎo

整个	zhěnggè	整合	zhěnghé
立刻	lìkè	理科	lǐkē
一连	yìlián	依恋	yīliàn
外交	wàijiāo	外教	wàijiào
仍然	réngrán	忍让	rěnràng

（2）朗读　Read out the following lines

在天愿作比翼鸟，　Zài tiān yuàn zuò bǐyìniǎo,
在地愿为连理枝。　Zài dì yuàn wéi liánlǐzhī.

两情若是久长时，　Liǎng qíng ruò shì jiǔcháng shí,
又岂在朝朝暮暮？　Yòu qǐ zài zhāozhāo-mùmù?

2 词语 Read out the following phrases

尽量去做	尽量去办	尽量参加	尽量早点儿回来
很亲切	感到亲切	亲切的问候	亲切地说
整个人	整个上午	整个会场	整个社会
人见人爱	不知不觉	有说有笑	翻来覆去
立刻回来	立刻回去	立刻出发	立刻去买
默默地待着	默默地看着	默默地等着	默默地站着

3 选词填空 Choose the right words to fill in the blanks

A. 有说有笑　无聊　秘密　问候　开朗　尽量　不知不觉　自然　滋味

（1）时间过得真快啊，________来中国已经快一年了。

（2）她是一个性格________的女孩儿，很多男孩儿都喜欢她。

（3）A：谁心里都可能有一个不可说出的________，你有没有？
B：当然有了，不过，说出来还叫“秘密”吗？
（4）一下课同学们就________地往食堂走去。
（5）第一次恋爱失败了，她心里真不是________。
（6）请代我________你的父母，祝他们身体健康。
（7）女孩儿长得漂亮，________会引起男孩儿的注意。
（8）我会________把这件事做好，你就放心吧。
（9）星期天，同学们都出去了，我一个人待在宿舍里，觉得很________。

B.

（1）她是我________的姑娘。（心爱　热爱）
（2）他非常________这个工作。（心爱　热爱）
（3）事情来得太________，我一点儿准备都没有。（突然　忽然）
（4）世界上常常会发生一些________事件。（突然　忽然）
（5）我虽然喜欢他，但是从来没有做出任何________。（表示　表达）
（6）现在我还不能用汉语自由地________自己的想法。（表示　表达）

4 用括号里的词语完成句子 Complete the sentences with the words in the brackets

（1）时间过得真快，________________________。（不知不觉）
（2）一下课，同学们就______________________。（有说有笑）
（3）听到这个消息，我躺在床上______________。（翻来覆去）
（4）那种感觉，我现在用汉语还______________。（表达）

（5）虽然是第一次参加演出，但是____________________。（自然）

（6）看到自己喜欢的女孩儿跟别人结了婚，____。（说不出）

5 用括号里的词语完成会话 Complete the dialogues with the words in the brackets

（1）A：____？（喜欢）

B：我喜欢漂亮但是不太聪明的女孩儿。

A：____？

B：因为我就不太聪明。

（2）A：______________________________________？（失恋、滋味）

B：当然尝过。

A：____？

B：那种滋味我现在用汉语还说不出来。

（3）A：他最近怎么了？___________________________？（一连）

B：他生病了。

（4）A：我想去西安旅行，你愿意陪我去吗？

B：____。（当然）

（5）A：我们明天什么时候出发？

B：____。（尽量）

（6）A：他下学期还在这儿学习吗？

B：____。（仍然）

6 连句成段 Rearrange the sentences into paragraphs

（1）A. 看来这个愿望很快就要实现了

B. 去年我来到了中国

C. 俗话说，“百闻不如一见”，我一直想，如果有机会一定到三峡去看看

D. 以前，我在杂志上、画报上，看见过很多描写长江三峡的文章和照片

____

（2）A. 不料，她的妈妈突然病了，来电话让她回国

B. 然后买好火车票，坐上开往重庆的火车，就到三峡游览去了

C. 我只好一个人去，那天，我先把朋友送走

D. 学校放假了，我就和一个朋友商量好，准备一起去三峡

____

7 改错句 Correct the sentences

（1）她是一个很漂亮和很聪明的姑娘，我很喜欢她。

____

（2）我很爱她，但是她不知不觉。

____

（3）他失恋了一个女朋友，很痛苦。

____

（4）最近我的心里矛矛盾盾的，不知道出国留学好呢，还是在国内上大学好。

____

（5）他一连三天不上课了。

____

（6）请大家尽量地唱吧。

____

8 情景表达 Language and context

1. 下列句子什么情景下说？ In which situations do we use the following sentences?

（1）这是我心中的一个秘密。

（2）看到这种情景，我心里有一种说不出的滋味。

（3）我感到非常遗憾。

2. 下列情景怎么说？ How do we describe or what do we say in the following situations?

（1）你得到一个好消息或遇到一件好事，晚上怎么也睡不着觉。（翻来覆去）

（2）他女朋友又有了新的男朋友，不愿意再跟他交往了。（甩）

（3）你觉得时间过得很快，来中国已经快一年了。（不知不觉）

9 综合填空 Fill in the blanks

补充生词 Supplementary words

①	看法	kànfǎ	view; opinion
②	各自	gèzì	each
③	互不相让	hù bù xiāng ràng	neither is willing to give ground
④	随和	suíhé	amiable

⑤ 让步	ràng bù	to give in
⑥ 迈步	mài bù	to take a step; to make a step

等 待

半个月前，我和男朋友吵①________一架，到现在我们都不说话，我心里②________难过。原因是我们对一件事的看法不③________。他觉得这件事他做得对，可我觉得自己也没有错。④________各自坚持自己的看法，互不相让。我这个人平时很随和，⑤________这件事我觉得不能让步。半个月了，我很想⑥________他和好，可又迈不出第一步。我还在等待，等着他主动跟我和好，如果他还不主动，只好我主动⑦________，没办法，⑧________我太爱他了。

10 交际会话 Communication

假设与评论 Hypotheses and comments

A：爱德华，考你个问题。

B：什么问题？你说吧。

A：如果你妈妈、女友和你坐一条船过河，当船到河中间，要下沉（chén, to sink）时，必须有一个人离开才能使另外两个人得救（déjiù, to save），那么，你决定把谁扔进河里去？

B：咳！这是个老掉牙（lǎo diàoyá, very old）的问题了。

A：不管它老不老，我就想听听，你怎么回答。

B：别人可能觉得这是个最难回答的问题，其实，在我看来，很简单。

A：又吹。你说说，你遇到这样的情况，到底该怎么办？

B：如果真遇到这样的情况，当然是我自己跳下河去，让她们活下来啊。

A：为什么这样呢？

B：很简单，责任（zérèn, responsibility）！因为我觉得一个男子汉（nánzǐhàn, man）就应该这样。

A：好！佩服！

Dì-jiǔ kè
第九课
Lesson 9

Xìngfú de gǎnjué
幸福的感觉
The feeling of happiness

一 课文 Kèwén Text

09-1

到底什么是幸福？谁能说清楚？

没有人能说清楚有多少钱、有多大权力算是得到了幸福；也没有人能说清楚有多少儿女、有多少朋友算是得到了幸福；更没有人能说清楚拥有多少感情算是得到了幸福……因为幸福完全是个人行为，永远没有统一的标准，也没有不变的标准。

幸福其实就是一种个人的感觉，我们每个人都可以得到幸福，只要你心中有幸福的感觉。

曾经读过一个让我感动的故事。一个亿万富翁，却对一块糖充满感情。原来，他小时候家里很穷，从没吃过糖。有一次在路上，一个好心人给了他一块糖。后来他回忆当时的情景，他不知道那种滋味叫甜，只是感觉到一种从来没有过的幸福。后来，

这个穷孩子靠自己的努力成了富翁，同时也成了有名的慈善家。他说："我每帮助一个人，都会想起当初那块糖，就会感激那位给我糖吃的好心人。一块糖只是甜在嘴里，而他的善良却甜透了我的心。现在我吃什么喝什么都没有了那种甜到心里的感觉，只有多做善事，帮助别人，回报社会，才能找回第一次吃到糖时的那种感觉。"——对他来说，幸福就是让别人过得更美好。

我有一个邻居，她丈夫爱上了别的女人，提出和她离婚。离婚的时候她只有一个条件：儿子由她抚养。她收入不高，可她脸上总是带着笑容，那笑容可不是装出来的。为了抚养儿子，她每天都辛辛苦苦地工作着。可是她说："我从来不觉得苦和累，只要一看到儿子的笑脸，就觉得自己是世界上最幸福的人。"——对她来说，幸福就是看到儿子的笑脸。

对我来说，幸福是什么呢？是读到一本好书，是与朋友聊一个有趣的话题，是从自己不多的收入里拿出一部分钱捐给希望工程，是看到那些失学的孩子又背起书包回到学校，是看到那些以前贫穷的人们过上了好日子，是看到我的祖国一天天走向富强，当然还有老母亲和全家人都健康、平安、快乐……这些都是我的幸福。

幸福永远没有统一的标准，只要你心里感觉到幸福，你就是一个幸福的人。

（根据《北京晚报》王书春的文章改写）

回答课文问题　Answer the questions according to the text

（1）作者对“幸福”的看法是什么？
（2）怎么样才能得到幸福？
（3）那个富翁为什么要帮助别人？
（4）“我”的邻居觉得什么是幸福？
（5）请说说你幸福的感觉。

二　生词 Shēngcí　New Words

09-2

1. 到底	dàodǐ	（副）	on earth; at last; finally
2. 权力	quánlì	（名）	power
3. 得到	dédào	（动）	to get; to obtain; to gain; to receive
4. 儿女	érnǚ	（名）	son(s) and daughter(s); children
5. 拥有	yōngyǒu	（动）	to possess; to have; to own
6. 完全	wánquán	（副、形）	entirely; all; whole
7. 个人	gèrén	（名）	(*as opposed to* “*the collective*”) individual person
8. 行为	xíngwéi	（名）	behavior
9. 永远	yǒngyuǎn	（副）	always; forever
10. 统一	tǒngyī	（形、动）	unified; to unify
11. 标准	biāozhǔn	（名、形）	criterion; standard
12. 富翁	fùwēng	（名）	man of wealth
13. 穷	qióng	（形）	poor
14. 好心	hǎoxīn	（名）	kindness; kind heart
15. 回忆	huíyì	（动）	to recall; to think back

16.	慈善家	císhànjiā	（名）	philanthropist
17.	当初	dāngchū	（名）	originally; at that time
18.	感激	gǎnjī	（动）	to feel grateful; to be indebted
19.	回报	huíbào	（动）	to repay; to requite
20.	美好	měihǎo	（形）	fine; good
21.	离婚	lí hūn	（动）	to divorce
22.	条件	tiáojiàn	（名）	condition
23.	抚养	fǔyǎng	（动）	to bring up; to raise
	养	yǎng	（动）	to support; to provide for
24.	收入	shōurù	（名）	income
25.	脸	liǎn	（名）	face
26.	笑容	xiàoróng	（名）	smile; smiling expression
27.	装	zhuāng	（动）	to pretend
28.	话题	huàtí	（名）	topic
29.	捐	juān	（动）	to donate
30.	工程	gōngchéng	（名）	project
31.	失学	shī xué	（动）	to be deprived of education
32.	背	bēi	（动）	to carry on the back
33.	书包	shūbāo	（名）	schoolbag
34.	贫穷	pínqióng	（形）	poor
35.	祖国	zǔguó	（名）	homeland; motherland
36.	富强	fùqiáng	（形）	prosperous and strong

专名 Zhuānmíng Proper Nouns

希望工程	Xīwàng Gōngchéng	Project Hope

三 注释 Zhùshì　Notes

希望工程 Project Hope

由中国青少年发展基金会发起并组织的一项为帮助贫困家庭失学儿童重返校园的捐资助学活动。这项活动得到了全中国各界的普遍支持，使几百万失学儿童重返校园。

It is a project initiated and organized by China Youth Development Foundation, which purports to help school-age children who are deprived of schooling because of poverty. This activity has been supported by people from all walks of life in China. Millions of children have benefited from this project and returned to school.

四 词语用法 Cíyǔ yòngfǎ　Usage

1 到底 dàodǐ（副）on earth; at last; finally

1. 表示进一步追究，希望得到最后的结果或结论。用在疑问句中，置于动词、形容词或主语前。例如：

"到底" is used in further questioning in an attempt to obtain a final, definite answer. It is used in questions and is placed before verbs, adjectives or subjects, e.g.

（1）到底什么是幸福？谁能说清楚？

（2）明天你到底来不来？

（3）他到底是哪国人？

（4）昨天你还说和我们一起去，今天你又说不去了，你到底去不去？

（5）那儿的风景到底好不好？

2. 表示经过较长过程最后出现某种结果，有庆幸的语气。句中要带"了"或其他表示完成的词语。例如：

It also indicates that a result has finally come out, implying a rejoicing tone. The particle "了" or other words indicating accomplishment must be used together with "到底" in the sentence, e.g.

（6）我等了一个小时，他到底来了。

（7）一个月后，她到底找到了那个人。

用法对比："到底" 和 "终于"

Compare: "到底" and "终于"

"到底" 第二个义项与 "终于" 类似。但 "终于" 多用于书面，"到底" 书面、口头都常用。"到底" 用在动词或动词词组前，必须带 "了"，"终于" 可带可不带。例如：

The second sense of "到底" is similar to that of "终于". However, "终于" is mostly used in written Chinese; "到底" can be used in both written and spoken Chinese. When used before verbs or verbal phrases, "到底" must be followed by "了"; for "终于", "了" is optional. For example:

（1）经过三年的努力学习，他到底/终于考上了理想的大学。

（2）我的理想到底/终于实现了，心里有说不出的高兴。

（3）问题到底/终于解决了。

（4）问题终于/*到底解决。

"到底" 可用于问句，"终于" 不能。例如：

"到底" can be used in questions; "终于" cannot, e.g.

（5）她到底/*终于来不来？

（6）我的信你到底/*终于收到没有？

（7）你到底/*终于想干什么？

2 算 suàn（动）to be regarded as

可以说是，可以被认为。表示勉强达到某一标准。后面可以加动词、形容词、名词。例如：

"算" means "to be regarded/considered as", indicating to reach a certain standard narrowly. It can be followed by verbs, adjectives and nouns, e.g.

（1）一个人到底有多少钱、有多大权力算是得到了幸福，没有人能说清楚。

（2）这几天还不算太冷。

（3）爸爸妈妈的身体还算健康。

（4）他可以算一个好学生。

3 曾经 céngjīng（副）used to

表示从前有过某种行为或情况。常跟“过”搭配，很少跟“了”搭配。例如：

“曾经” indicates something that happened before or a circumstance that existed in the past. It is often used together with “过”, but seldom used with “了”, e.g.

（1）曾经读过一个让我感动的故事。

（2）他们两个曾经到欧洲考察过环境保护（bǎohù, to protect）的情况。

（3）来中国以前，他曾经学过几个月汉语。

（4）今年夏天的温度曾经达到过39度。

用法对比：“曾经”和“已经”

Compare: “曾经” and “已经”

1.“曾经”表示从前有过某种行为或情况，时间一般不是最近；“已经”表示事情完成，时间一般在不久以前。例如：

“曾经” indicates that something happened before; the time is normally not recent. “已经” indicates that something is finished; the time is normally fairly recent, e.g.

（1）我曾经/已经去过一次中国。

（2）十年前他曾经去过中国。（说话时，他不在中国。）

（3）昨天他已经去中国了。（说话时，他在中国。）

2.“曾经”所表示的动作或情况现在已结束；“已经”所表示的动作或情况可能还在继续。例如：

The action or circumstance indicated by "曾经" has already ended; the action or circumstance indicated by "已经" may be still going on, e.g.

（4）他曾经是中学老师。（他现在不是中学老师了。）

（5）他已经是中学老师了。（他现在还是中学老师。）

（6）别现在去了，已经/*曾经到吃饭时间了。

（7）等我们赶到电影院，电影已经/*曾经开演了。

（8）已经/*曾经是春天了。

（9）遇到困难的时候，我曾经/*已经想过放弃。

4 原来 yuánlái（副、名）originally; it turns out that...；something in the past; the beginning

1. 副词，发现了以前不知道的情况，含有恍然醒悟的意思。可用在主语前或后。例如：

As an adverb, it indicates that a formerly unknown fact is discovered and implies a sudden realization. It may be used either before or after a subject, e.g.

（1）一个亿万富翁，却对一块糖充满感情。原来，他小时候家里很穷，从没吃过糖。

（2）这几天他都没来上课，原来他病了。

（3）我以为（yǐwéi, to think）是玛丽，原来是你啊。

（4）真没想到，北京的夏天原来这么热。

2. 名词，以前某一时期，当初。（现在已经不是这样了。）例如：

As a noun, "原来" means "sometime in the past; at the beginning" (suggesting that things are different now), e.g.

（5）原来她一句汉语都不会说，现在已经能翻译一些简单的文章（wénzhāng, essay; article）了。

（6）原来我们家乡连汽车都不通，现在交通可方便了。

5 对……来说 duì……lái shuō to...

表示从某人、某事的角度来看，后边跟结论部分。例如：

"对……来说" means "seen/considered from the perspective of someone or something", followed by a conclusion, e.g.

（1）对他来说，幸福就是让别人过得更美好。

（2）对我来说，这里已经成了第二家乡。

（3）对一个老师来说，教好自己的学生是最重要的，也是最幸福的。

6 装 zhuāng（动）to pretend

假装，不是真的。例如：

To feign; to make believe; to be not true, e.g.

（1）她收入不高，可她脸上总是带着笑容，那笑容可不是装出来的。

（2）懂就是懂，不懂就是不懂，不要装懂。

（3）病是装不出来的。

（4）他装着高兴的样子，其实心里很难过。

五 练习 Liànxí　Exercises

1 语音 Phonetics 09-3

（1）辨音辨调　Distinguish the pronunciations and tones

行为	xíngwéi	行贿	xíng huì
话题	huàtí	滑梯	huátī
回报	huíbào	汇报	huìbào
统一	tǒngyī	同意	tóngyì
曾经	céngjīng	增进	zēngjìn
条件	tiáojiàn	挑拣	tiāojiǎn

（2）朗读　Read out the following proverbs

知足常足，终身不辱。Zhī zú cháng zú, zhōngshēn bù rǔ.

知止常止，终身不耻。Zhī zhǐ cháng zhǐ, zhōngshēn bù chǐ.

得亦不喜，失亦不忧。Dé yì bù xǐ, shī yì bù yōu.

君子成人之美。Jūnzǐ chéngrénzhīměi.

2 词语 Read out the following phrases

幸福的感觉	愉快的感觉	不好的感觉
当时的情景	当时的情况	当时的想法
善良的人	善良的心	为人善良
回报社会	回报父母	回报祖国
提出条件	条件很好	离婚条件

3 选词填空 Choose the right words to fill in the blanks

A. 曾经　情景　收入　感觉　有名　笑容　富翁　失学　感情　回报

（1）他在国外生活的________怎么样？

（2）上大学时，他们在一个班学习，后来又在一起工作，所以，慢慢就产生了________。

（3）她________到过十几个国家。

（4）出国已经三年了，回忆刚出国时的________，心里真不是滋味。

（5）要是你是一个百万________，你会不会帮助贫穷的人？

（6）她是我们家乡________的医生。

（7）我要好好儿学习，提高自己，________父母。

（8）我常常想起我的小学老师，他________不高，但是却经常帮助班上生活困难的同学。

（9）看到大夫把孩子的病治好了，妈妈脸上才有了________。

（10）希望工程帮助很多________的孩子回到了学校。

B.

（1）这个国家________2000 万人口。

A. 生活　B. 拥有　C. 发现　D. 拥挤

（2）看了那么多电影，这一部还________是有意思的。

A. 总　B. 就　C. 也　D. 算

（3）你________来了，我已经等了半个多小时了。

A. 真的　B. 总是　C. 终于　D. 就是

（4）她脸上的笑容是装________的，其实，她的心里很苦。

A. 出去　B. 起来　C. 过来　D. 出来

（5）他________朋友的帮助，找到了一个很好的工作。

A. 在　B. 让　C. 叫　D. 靠

（6）你不是打算再学一年吗？现在________决定了没有？

A. 还是　B. 终于　C. 到底　D. 最后

4 用括号里的词语完成句子 Complete the sentences with the words in the brackets

（1）每个人都能拥有幸福，________________________。（只要）

（2）玛丽告诉我你回国了，________________________。（原来）

（3）经过三年的努力，________________________。（算）

（4）长大以后，________________________。（回报）

（5）________________，这种工作不是很难。（对……来说）

（6）早知道是这样的结果，________________。（当初）

（7）那个年轻人很有能力，________________。（靠）

（8）________________，现在变成了一座城市。（曾经）

5 用括号里的词语完成会话 Complete the dialogues with the words in the brackets

（1）A：________________________？（到底）

B：我打算暑假去西安旅游。

（2）A：这个足球队的水平怎么样？

B：________________________。（算）

（3）A：你们国家的面积是多少？

B：________________________。（拥有）

（4）A：________________________？（原来）

B：我原来是学历史的，去年才决定改学经济。

（5）A：你是自费（zìfèi, at one's own expense）来留学的吗？

B：不是，________________________。（靠）

（6）A：________________________？（对……来说）

B：我觉得最难的还是词语的用法。

（7）A：你的汉语是在哪儿学的？

B：________________________。（曾经）

（8）A：这件事发生时你在中国吗？

B：不在，________________________。（当时）

6 连句成段 Rearrange the sentences into paragraphs

（1）A. 答案可能是各种各样的

B. 因为每个人都有自己的看法

C. 对于什么是幸福这个问题

D. 对正在挨饿的人来说，如果让他吃饱饭，他可能就会感到很幸福

____

（2）A. 幸福可能就是成为亿万富翁吧

B. 对一个有病的人来说

C. 而对一个百万富翁来说

D. 幸福就是有一个健康的身体

____

7 改错句 Correct the sentences

（1）去年我姐姐离婚了她丈夫。

____

（2）我以前曾经没有来过中国，这是第一次。

____

（3）爸爸老年了，他很喜欢回忆以前的好时间。

____

（4）到中国以后，我决定了到云南少数民族地区去旅行。

____

（5）因为妈妈在海边长大了，所以，她常常带我们看海。

____

（6）火车站人很多，所以我们要等一等很长时间。

____

8 情景表达 Language and context

1. 下列句子什么情景下说？ In which situations do we use the following sentences?

（1）只要能工作，我就觉得非常幸福。

（2）这种事情没有统一的标准。

（3）我觉得她是一个善良的人。

2. 下列情景怎么说？ How do we describe or what do we say in the following situations?

（1）你过生日那天，朋友们都来向你表示祝贺，你向大家表达你的心情。

（2）你在母亲节那天给妈妈打了一个电话，向妈妈问好，妈妈很高兴，你向她表达你的心情。

9 综合填空 Fill in the blanks

补充生词 Supplementary words

① 拔苗助长	bámiáo-zhùzhǎng	to try to help seedlings grow by pulling them up — to spoil things by excessive enthusiasm
② 性急	xìng jí	impatient
③ 田	tián	field
④ 急忙	jímáng	in a hurry

拔苗助长

有个性急的人，种了几亩田。总希望田里的苗快一点儿长，

①________苗长得不像他想的那么快。

有一天，他忽然想②________了一个“好”办法，就急急忙忙跑到田里，③________每棵苗都往上拔了拔。回过头来再看看苗，④________原来高了不少，心里十分高兴。回到家，他⑤________对家里人说：“我辛辛苦苦干了一整天，快累死⑥________！不过一天的时间，地里的苗⑦________长高了很多。”

他的儿子听了，感到很奇怪，就跑到田里去看，结果，田里的苗都死⑧________。

10 交际会话 Communication

评论（1） Commenting (1)

A：你觉得世界上什么事情最让人难过？

B：我想这可没有统一的标准。

A：你的意思是说难过是一种个人行为？

B：可以这么说吧。比如说，有一件事情你没做到，你觉得难过，可是有的人却觉得没关系，这次不行，下次再努力。

A：那么，对于你来说，什么是最让你难过的事情？

B：可能……可能……我觉得失恋最让人难过吧。

A：你失恋过吗？

B：没有，我连恋爱还没有谈过呢。

A：那你不觉得难过？

B：怎么说呢？要是谈了恋爱，后来又失恋了，那才难过呢。你觉得什么最难过？

A：对于我来说，我想得到的却得不到，这最让我难过。

B：我想你一定常常难过！

A：为什么？

B：你想得到的东西太多，你得不到的东西更多。

Dì-shí kè
第十课
Lesson 10

Tígāo zìjǐ
提高自己
Self-improvement

一 课文 Kèwén Text

10-1

有一个人在一家贸易公司工作，但是他很不满意自己的工作。一天，他愤怒地对朋友说："我们头儿一点儿也不把我放在眼里，改天我要对他拍桌子，然后辞职不干！"

"你对你们公司的业务完全弄清楚了吗？对于他们做国际贸易的技巧完全搞通了吗？"朋友反问他。

"没有。"

"君子报仇，十年不晚。我建议你先把他们的一切贸易技巧、商业文件和公司组织完全搞通，除了能熟练地操作电脑以外，还要学会程序设计，甚至连怎么修理打印机、复印机的小毛病都要学会，然后再辞职不干。"他的朋友建议，"你把你们的公司当作免费学习的地方，什么东西都搞通了以后再走，不是既出了气，又有许多收获吗？"

那人听从了朋友的建议，从此刻苦学习，甚至下班之后，仍然留在办公室加班，还常常开夜车练习写各种商业文件。

一年之后，那位朋友偶然遇到他，就说：

“你现在大概都学会了，可以准备辞职不干了吧？”

“可是我发现这半年来，老板对我刮目相看，最近还让我担当重任，又升职，又加薪，我已经成公司的红人了！”

“这是我早就料到的！”他的朋友笑着说，“当初你的老板不重视你，是因为你的能力不足，却又不努力学习，后来你刻苦学习，他当然会对你刮目相看了。”

只知道埋怨领导的态度，却不努力提高自己的能力，这是不少人常犯的毛病啊！

（根据《青年博览》刘墉的文章改写）

回答课文问题 Answer the questions according to the text

（1）这个人为什么想辞职？
（2）他的朋友向他提出了什么建议？
（3）他听从朋友的建议了没有？
（4）一年以后这个人为什么又不想辞职了？
（5）领导为什么会对他刮目相看？
（6）课文要告诉我们什么？

二 生词 Shēngcí New Words

10-2

1. 提高 tígāo （动） to improve
2. 贸易 màoyì （名） trade

3.	愤怒	fènnù	（形）	angry; furious
4.	头儿	tóur	（名）	head; boss
5.	改天	gǎitiān	（副）	some other day
6.	拍	pāi	（动）	to pound; to hit
7.	弄	nòng	（动）	to do; to manage; to handle
8.	技巧	jìqiǎo	（名）	skill
9.	反问	fǎnwèn	（动）	to ask (a question) in reply; to retort
10.	君子	jūnzǐ	（名）	man of virtue
11.	报仇	bào chóu	（动）	to revenge
12.	商业	shāngyè	（名）	business
13.	文件	wénjiàn	（名）	document
14.	熟练	shúliàn	（形）	proficient
15.	操作	cāozuò	（动）	to operate
16.	程序	chéngxù	（名）	program; procedure
17.	设计	shèjì	（动）	to design
18.	甚至	shènzhì	（连）	even
19.	修理	xiūlǐ	（动）	to repair; to mend
20.	打印机	dǎyìnjī	（名）	printer
21.	复印机	fùyìnjī	（名）	photocopier
22.	毛病	máobìng	（名）	flaw; problem
23.	当作	dàngzuò	（动）	to regard as; to consider as
24.	免费	miǎn fèi	（动）	to be free of charge
25.	既…… 又……	jì…… yòu……		both... and...; as well as

26.	出气	chū qì	（动）	to give vent to one's anger
27.	听从	tīngcóng	（动）	to act at the will of others; to obey; to comply with
28.	从此	cóngcǐ	（副）	from this time onwards; from then on
29.	刻苦	kèkǔ	（形）	hard-working
30.	留	liú	（动）	to remain; to stay
31.	加班	jiā bān	（动）	to work overtime
32.	开夜车	kāi yèchē		to burn the midnight oil; to work late into the night
33.	偶然	ǒurán	（副、形）	accidentally; accidental
34.	刮目相看	guāmù-xiāngkàn		to treat sb. with increased respect; to look at a person with new eyes
35.	担当	dāndāng	（动）	to undertake
36.	重任	zhòngrèn	（名）	important task
37.	升职	shēng zhí	（动）	to be promoted to a higher position
38.	薪	xīn	（名）	salary
39.	红人	hóngrén	（名）	favorite person with sb. in power
40.	重视	zhòngshì	（动）	to attach importance to; to think much of; to put, lay and place emphasis on; to regard highly
41.	能力	nénglì	（名）	competence; ability
42.	足	zú	（形）	sufficient
43.	埋怨	mányuàn	（动）	to complain; to blame
44.	态度	tàidu	（名）	attitude; manner
45.	犯	fàn	（动）	to make or commit (a mistake)

三 注释 Zhùshì Notes

1 **我们头儿一点儿也不把我放在眼里……** I deserve a better deal from my boss. (Lit.: My boss does not have me in his eyes at all.)

"不把……放在眼里"的意思是看不起 / 轻视……。

"不把……放在眼里" means "to look down upon or despise".

2 **君子报仇，十年不晚。** Lit.: A man of virtue can wait for ten years for his chance.

该成语的意思是，一个有志向的人要报仇的话，要注意积蓄力量，善于抓住时机，不可随便行事。

This idiom means that if a man of virtue wants to revenge, he needs to store up his strength, be patient and wait for the right chance.

3 **我已经成公司的红人了！** Now I have a feeling of being important to my company!

"红人"是指受领导信任、重用的人。

"红人" means "a person who is trusted by or is a favorite of his/her boss".

四 词语用法 Cíyǔ yòngfǎ Usage

1 **弄** nòng（**动**）to do; to manage; to handle

代表一些动词，有"做""干""办"等意思。具体意思要根据语境推断。例如：

"弄" may be used as a substitute for some verbs, meaning "做", "干", "办", etc. Its meaning is dependent on the context, e.g.

（1）你对你们公司的业务完全弄清楚了吗？　　（弄 = 了解）

（2）我给你们弄了几个菜，你们喝几杯吧。（弄＝做）
（3）我的电脑又死机了，你帮我弄弄吧。（弄＝修理）
（4）一定要把这个语法弄懂。（弄＝研究、学习）
（5）他把我的手机弄坏了。（弄＝说不清楚的动作）
（6）我给你弄来了一盆（fén, pot）花儿。（弄＝想办法得到）

2 搞 gǎo（动） to do; to work out; to get; to engage in

做、干。可带“了”“着”“过”，可重叠，可带名词宾语。“搞”常代替各种不同的动词，随宾语的不同而有不同的意义。例如：

“搞” may be followed by “了”, “着”, or “过”, meaning “to do” or “to work out”. It can be reduplicated, and can be followed by a nominal object. “搞” is often used as a substitute for various verbs, and its meaning varies with the object it takes, e.g.

（1）我建议你先把他们的一切贸易技巧、商业文件和公司组织完全搞通。（搞＝了解、研究）
（2）她在一家公司搞电脑软件（ruǎnjiàn, software）设计。（搞＝做、干）
（3）这个问题一定要搞清楚。（搞＝想、考虑、了解、研究）
（4）我搞到了一张星期日晚上的足球票。（搞＝想办法得到）
（5）这个工作不好搞。（搞＝做、干）

用法对比：“弄”和“搞”

Compare: “弄” and “搞”

二者的意思都随宾语的不同而不同。但“搞”可以用于书面，也可以用于口语。而“弄”多用于口语，一般不用于书面。可以说“搞改革、搞建设、搞工作”；不能说“弄改革、弄建设、弄工作”。例如：

The two words have different meanings due to the different objects they follow. “搞” is used in both written and spoken Chinese; while “弄” is mostly used in spoken Chinese, not written Chinese. For example, the expressions “搞

改革", "搞建设", and "搞工作" are right, while "弄改革", "弄建设" and "弄工作" are wrong, e.g.

（1）我给你搞 / 弄到一张明天晚上的足球票。

（2）我去搞 / 弄两个菜来，咱们喝两杯。

（3）他是搞 /* 弄软件设计的。

（4）他在公司是搞 /* 弄什么工作的？

（5）这个拉链儿拉不上了，你帮我弄弄 /* 搞搞。

3 甚至 shènzhì（连）even

1. 强调突出的事例，后面常跟"都、也"配合。有时可以放在主语前。例如：

It is used to emphasize a fact and is often followed by "都" or "也"; sometimes it is put before the subject, e.g.

（1）过去不要说买汽车、买房子了，甚至连电视都买不起。

（2）我来中国快一年了，去的地方很少，甚至连北京也没去过。

2. 放在并列的名词、形容词、动词、介宾短语、小句的最后一项之前，突出这一项。例如：

"甚至" is placed before the last item of parallel nouns, adjectives, verbs, prepositional phrases or clauses and emphasizes this item, e.g.

（3）我建议你先把他们的一切贸易技巧、商业文件和公司组织完全搞通，除了能熟练地操作电脑以外，还要学会程序设计，甚至连怎么修理打印机、复印机的小毛病都要学会。

（4）现在不管城市还是农村，甚至边远山区，交通都很方便。

（5）学得好的留学生，甚至可以听懂中文广播了。

（6）冬天这里参加冬泳的人很多，有年轻人，有老人，甚至还有七八岁的孩子。

4 以后 yǐhòu（名）after; afterwards; later; ever since

比现在或某一时间晚的时间。例如：

"以后" indicates a time later than now (or a specified time), e.g.

（1）你把你们的公司当作免费学习的地方，什么东西都搞通了以后再走。

（2）我们俩毕业以后，就再没见过面。

（3）我现在要去上课，我们以后再说吧。

（4）从此以后，他刻苦学习，掌握了公司的全部业务。

用法对比："以后" 和 "后来"

Compare: "以后" and "后来"

"以后" 可以跟在名词、动词或小句后边，表示过去，也可表示将来。"后来" 则只能单用，只表示过去。例如：

"以后" may be used after a noun, verb or clause to indicate either the past or the future; "后来" can only be used independently to indicate the past, e.g.

（1）我们俩去年在一个班学习，以后 / 后来她就回国了。

（2）我给他发过几条微信，他都没有回，以后/后来就不再联系了。

（3）来中国以后 /* 后来，我就住在他家。

（4）我明年大学毕业，大学毕业以后 /* 后来我就参加工作。

（5）我现在学习汉语，以后 /* 后来干什么还不知道。

5 偶然 ǒurán（副、形）accidentally; accidental

1."偶然" 是副词时表示 "不是必然地"，常在句中作状语。例如：

If "偶然" is used as an adverb, it indicates "not inevitably" and is often used as an adverbial in a sentence, e.g.

（1）一年之后，那位朋友偶然遇到他，就说："你现在大概都学会了，可以准备辞职不干了吧？"

（2）我偶然想起了他。

（3）这件东西是我打扫房间时偶然发现的。

2.“偶然”是形容词时表示“不是必然的”，常在句中作定语或谓语。例如：

If “偶然” is used as an adjective, it indicates “not inevitable” and is often used as an attributive or predicate in a sentence, e.g.

（4）一个偶然的机会，我去了一趟云南。

（5）这是一个偶然事件（shìjiàn, event）。

（6）事故的发生很偶然。

6 却 què（副）but; yet

表示转折。用在动词前面作状语，但不能放在主语前。例如：

“却” is used as an adverbial before verbs to indicate a turn in meaning. It cannot be placed before a subject. For example:

（1）当初你的老板不重视你，是因为你的能力不足，却又不努力学习。

（2）她学汉语的时间不长，进步却很快。

（3）虽然也有点儿想家，但是我却不感到寂寞。

（4）外边很冷，屋子里却很暖和。

不能说：* 外边很冷，却屋子里很暖和。

五 练习 Liànxí Exercises

1 语音 Phonetics 10-3

（1）辨音辨调 Distinguish the pronunciations and tones

反问	fǎnwèn	访问	fǎngwèn
甚至	shènzhì	称职	chènzhí
修理	xiūlǐ	秀丽	xiùlì
不足	bùzú	补足	bǔzú

埋怨	mányuàn	满眼	mǎnyǎn
重视	zhòngshì	充实	chōngshí

（2）朗读 Read out the following proverbs

学而不厌，诲人不倦。 Xué ér bú yàn, huì rén bú juàn.

学然后知不足。 Xué ránhòu zhī bùzú.

君子之交淡如水。 Jūnzǐ zhī jiāo dàn rú shuǐ.

良药苦口利于病， Liángyào kǔ kǒu lìyú bìng,
忠言逆耳利于行。 Zhōngyán nì ěr lìyú xíng.

2 词语 Read out the following phrases

修理复印机	修理自行车	刻苦学习	刻苦研究
偶然遇到	偶然发现	能力不足	准备不足
埋怨领导	埋怨别人	辞职不干	免费学习

3 选词填空 Choose the right words to fill in the blanks

A. 辞职 甚至 偶然 改天 修理 埋怨 刻苦 不足
满意 重视 建议 刮目相看

（1）他对这里的环境很________，既安静又干净。

（2）今天实在没有时间，我们________再说吧。

（3）他已经不在这个公司了，听说他________了。

（4）他接受了朋友的________，从此刻苦学习，终于把公司的业务弄通了。

（5）这个故事在中国很有名，________连孩子都知道。

（6）我的车有点儿毛病，请你给________一下儿。

（7）年轻人只要________学习，就没有学不会的。

（8）这本书我是在旧书店________发现的。
（9）留学几年回来，真要对他________了。
（10）一个国家只有________教育，重视人才，才有希望。
（11）现在让他做这么重要的工作，他的能力还________。
（12）做错了事要先检查自己，不要去________别人。

B.

（1）这件事你不要把它放________心上。
A. 到　B. 在　C. 上　D. 进

（2）听了这孩子的话，我一下子把他________在怀（huái, bosom）里。
A. 抓　B. 握　C. 抱　D. 拉

（3）我感觉他________我越来越不好了，所以准备跟他分手（fēnshǒu, to break up (with one's boyfriend/girlfriend)）。
A. 对于　B. 给　C. 跟　D. 对

（4）请你替我________老师请个假，就说我今天有点儿不舒服。
A. 给　B. 向　C. 对　D. 朝

（5）她是这样一个人，在大家面前，她________喜欢多说话，但是只要你有事需要帮助的时候，她总会第一个站出来帮助你。
A. 从此　B. 从来　C. 从不　D. 经常

4 用括号里的词语完成句子 Complete the sentences with the words in the brackets

（1）________________，我还不太清楚。（对于）
（2）我对中国的情况不太了解，________________。（甚至）

（3）她不爱旅行，来中国这么长时间＿＿＿＿＿＿＿＿＿＿
＿＿＿＿＿＿＿＿＿＿＿＿＿＿＿＿＿＿＿＿＿。（甚至）

（4）我先在这儿学习一年汉语，＿＿＿＿＿＿＿＿＿＿。（以后）

（5）他对我说，他今天一定来，可是＿＿＿＿＿＿＿＿。（却）

（6）我喜欢坐火车去旅行，坐火车＿＿＿＿＿＿＿＿＿＿＿。
（既……又……）

5 用括号里的词语完成会话 Complete the dialogues with the words in the brackets

（1）A：你是不是想辞职？
B：是的，＿＿＿＿＿＿＿＿＿＿＿＿＿＿＿＿＿＿。（满意）

（2）A：你怎么那么不喜欢你们的领导？
B：我当然不喜欢他了，＿＿＿＿＿＿＿＿＿＿＿＿＿＿。
（不把……放在眼里）

（3）A：我建议你先不要忙着辞职，你应该把这个公司的业务都学会了再辞职，＿＿＿＿＿＿＿＿＿＿＿＿＿。（甚至）
B：我再想想。

（4）A：你的眼睛怎么这么红？是不是病了？
B：没事儿，＿＿＿＿＿＿＿＿＿＿＿＿＿＿＿＿。（开夜车）

（5）A：我现在又不想辞职了。
B：为什么？
A：我觉得我们头儿对我不错，什么事儿都跟我商量，最近还给我加了薪。
B：哈哈，＿＿＿＿＿＿＿＿＿＿＿＿＿＿＿＿＿＿。（料到）

6 连句成段 Rearrange the sentences into paragraphs

（1）A. 所以，还必须掌握每个词在交际中的用法，了解它在此时此地的意思

B. 但是，只了解一个词的表面意义是不够的

C. 因为一种语言的词汇，除了表面意义以外，还有语境义、交际义和文化义等

D. 学习一门外语，就要了解和掌握这种语言的词汇

____

（2）A. 因为平时在自己国家用外语讲话的机会很少

B. 自己的外语能力会提高得很快

C. 要学好一门外语，我认为最好是到说那种语言的国家去学习

D. 如果能够生活在好的语言环境中

E. 因此，我决定出国去留学

____

7 改错句 Correct the sentences

（1）他已经辞职工作，接着就要去中国留学。

____

（2）他想让老师刮目相看他。

____

（3）一般的中国电影他不太喜欢，但这个电影却他很喜欢。

____

（4）我虽然很爱她，却她不喜欢我，没办法。

____

（5）我没有给妈妈打电话，妈妈对我很埋怨。

____

（6）北京比香港骑自行车有点儿容易。

____

8 情景表达 Language and context

1. 下列句子什么情景下说？ In which situations do we use the following sentences?

（1）他一点儿也不把我放在眼里。

（2）真要对他刮目相看了。

（3）我早就料到会这样。

2. 下列情景怎么说？ How do we describe or what do we say in the following situations?

（1）你对这儿的生活已经习惯了，觉得各方面都不错，你向别人说这种感觉。（满意）

（2）你刚到一个公司，谁也不认识，觉得大家都不把你放在眼里，你说出这种感觉。

（3）你想向公司提出辞职，要对老板说。

9 综合填空 Fill in the blanks

补充生词 Supplementary words

① 抱歉	bàoqiàn	sorry; regretful
② 经营	jīngyíng	to manage
③ 生存	shēngcún	to live; to survive
④ 辞退	cítuì	to dismiss; to fire

⑤ 年龄	niánlíng	age
⑥ 颤抖	chàndǒu	to shiver; to tremble
⑦ 公平	gōngpíng	fair; just
⑧ 同情	tóngqíng	to sympathize
⑨ 振作	zhènzuò	to cheer up
⑩ 即使	jíshǐ	even if

从头再来

一个美丽的早晨，你早早地起床，走①________办公室，准备迎接新的一天的工作。你是那么热爱你的工作，因为你在这个公司干②________二十年了，上上下下的关系都不错。

忽然老板打来电话，③________你马上去一下儿，电话里他的语调让你感到要有麻烦。在老板的办公室里，他说："非常抱歉，你也知道，公司经营一直不太好，为了能使公司继续生存④________，经过认真考虑，决定辞退一部分年龄较大的员工，你是其中之一。"

什么？你用颤抖的手拿⑤________辞退通知书，简直不敢相信这是真的。

这时，你怎么办？你会感到不安，这很正常。你会问："为什么是我？"你觉得不公平，但谁说这个世界是公平⑥________！

别为自己难过，因为你周围的人可能会同情你，但没有用。你也不用埋怨老板，他们也有他们的难处。这时，重要的是自己要有信心。既然你不希望别人看到自己的失败，你就必须在痛苦之后，振作⑦________。只要你有信心，相信自己的能力，即使没有什么能力，还可以学习，谁说四十岁以后就不能重新学习了？天下的路有千条万条，只要你做好了准备，那么你就信心十足地上路吧。不过是从头再来。

明天的早晨说不定会⑧________美丽。

10 交际会话 Communication

埋怨　Complaining

（1）A：你是怎么搞的？

B：我怎么了？

A：你为什么不早点儿叫我？

B：你自己起不来，怎么埋怨起我来了？

（2）A：你怎么到现在才来？我已经等了半个多小时了。

B：对不起，路上堵车。我也很着急。

A：你为什么不早点儿出来呢？

B：我一下班就出来了。

Dì-shíyī kè
第十一课 Lesson 11

Wǒ kànjiànle fēidié
我看见了飞碟
I saw a UFO

一 课文 Kèwén Text

11-1

八月二十五日，在新疆，我看见了飞碟。

这里离乌鲁木齐有六百公里，是个非常美丽的地方。有山有水，有森林和草原，还有味道鲜美的手抓羊肉。我们几个从大城市来的人到了这里，就像到了仙境，大家都很激动。

新疆与北京的时差大约是两个小时。晚上北京时间十点多，在新疆也就是八点多。这一天，天气非常好。晚上九点左右太阳才落下去。吃了晚饭，我和大刘一起回到饭店。忽然，听见外边有人叫我："快，快出来看！"

大刘连忙跑出去了。我不知发生了什么事，仍然低着头玩儿手机。这时，大刘又马上回来，敲着我的门大叫："快，快出来！"我立刻觉得发生了不同寻常的事情。于是，跟着其他人一起跑了出去。

一出来我们便惊呆了，大家不约而同地叫了一声："飞碟！"

只见天上横着一条巨大的光束。一个飞碟快速地转着，好像悬在了空中。它那橙红色的光十分耀眼，照亮了整个西北天空，真是太神奇了！

我们几个全都举起手机拍了起来。谁都明白这是个难得的机会。

突然，飞碟朝我们这边飞过来。在那一刻，我以为它要落下来了，可飞碟却停住了，又向高空慢慢飞去。然后一闪，变成了一个星星般的亮点儿。接着又一闪，不见了。只是一闪，就从一个唱片大小的飞碟变成了一个小亮点儿，这是多么快的速度啊！只是它留下的光束在空中亮了半天才渐渐地暗下去。差不多一个小时以后，天空才渐渐变回原来的一片蓝色。

这天晚上，我们一个个都兴奋极了。互相问："相信有飞碟了吧？"又互相回答："相信了。"

"如果那一刻飞碟下来要带你走，你去吗？"

"去！"

多么痛快的回答！

已经很晚了，可我还是久久不能入睡。我相信飞碟的存在。我相信在宇宙间，不只是地球上才存在高智能生物。我相信这个世界存在着太多的可能性。

（根据池莉的文章改写）

回答课文问题　Answer the questions according to the text

（1）故事发生在什么时间？什么地方？
（2）那儿的风景怎么样？
（3）大刘叫“我”的时候“我”正在做什么？
（4）大刘为什么叫“我”？
（5）他们看见了什么东西？
（6）课文是怎么写飞碟的？

二　生词 Shēngcí　New Words

11-2

1. 飞碟	fēidié	（名）	UFO (unidentified flying object)
2. 公里	gōnglǐ	（量）	kilometer
3. 森林	sēnlín	（名）	forest
4. 草原	cǎoyuán	（名）	grassland; prairie
5. 味道	wèidao	（名）	taste
6. 鲜美	xiānměi	（形）	delicious; tasty
7. 抓	zhuā	（动）	to grab; to seize; to clutch; to catch; to arrest
8. 羊肉	yángròu	（名）	mutton
9. 仙境	xiānjìng	（名）	wonderland; fairland
10. 激动	jīdòng	（形）	exciting; excited
11. 太阳	tàiyáng	（名）	sun

12. 落	luò	（动）	to fall
13. 连忙	liánmáng	（副）	hastily; hurriedly; promptly
14. 寻常	xúncháng	（形）	usual; ordinary
15. 惊呆	jīngdāi		to be stunned; to be stupefied
16. 不约而同	bùyuē'értóng		(of two or more persons) to do or think the same without prior consultation; to happen to coincide
17. 只见	zhǐ jiàn		to only see
18. 横	héng	（动）	to be horizontal
19. 巨大	jùdà	（形）	huge
20. 光束	guāngshù	（名）	light beam
21. 快速	kuàisù	（形）	speedy
22. 悬	xuán	（动）	to hang
23. 橙红	chénghóng	（形）	orange (color)
24. 耀眼	yàoyǎn	（形）	dazzling
25. 照亮	zhàoliàng		to light up; to illuminate
26. 神奇	shénqí	（形）	magical
27. 明白	míngbai	（动、形）	to know; to understand; sensible; clear
28. 难得	nándé	（形）	rare; hard to come by
29. 朝	cháo	（介）	(*indicating the direction of a movement*) towards; in the direction of
30. 以为	yǐwéi	（动）	to think; to believe
31. 闪	shǎn	（动）	to twinkle
32. 星星	xīngxing	（名）	star
33. 唱片	chàngpiàn	（名）	disc
34. 速度	sùdù	（名）	speed

35. 渐渐	jiànjiàn	（副）	gradually; little by little
36. 痛快	tòngkuai	（形）	simple and direct
37. 入睡	rùshuì	（动）	to fall asleep
38. 存在	cúnzài	（动）	to exist
39. 宇宙	yǔzhòu	（名）	universe
40. 地球	dìqiú	（名）	the earth
41. 智能	zhìnéng	（名）	intelligence
42. 生物	shēngwù	（名）	living thing; living being
43. 可能性	kěnéngxìng	（名）	possibility

专名 Zhuānmíng Proper Nouns

1. 新疆	Xīnjiāng	Xinjiang Uygur Autonomous Region of China
2. 乌鲁木齐	Wūlǔmùqí	Urumqi, the capital of Xinjiang
3. 大刘	Dà Liú	Da Liu, name of a person

三 注释 Zhùshì Notes

手抓羊肉 boiled mutton (eaten with hands)

新疆维吾尔族的一种食品。

It is a kind of mutton eaten with the fingers instead of chopsticks or forks, which is peculiar to the Uygur ethnic group.

四 词语用法 Cíyǔ yòngfǎ Usage

1 大约 dàyuē（副）approximately

表示对时间、数量不很精确的估计。例如：

"大约" is used to make an imprecise estimation of the time and quantity, e.g.

（1）新疆与北京的时差大约是两个小时。

（2）我们大约十点到那里。

（3）这个房间大约有三十平方米。

（4）参加这次大会的代表大约有两千人。

2 不约而同 bùyuē'értóng (of two or more persons) to do or think the same without prior consultation; to happen to coincide

没有事先商量而彼此意见和行动一致。常作状语。例如：

"不约而同" means "to do or think the same without prior consultation", often used as an adverbial, e.g.

（1）一出来我们便惊呆了，大家不约而同地叫了一声："飞碟！"

（2）老师一问，同学们不约而同地举起手来要求回答。

（3）我们不约而同地说："同意。"

（4）她们俩不约而同地报名参加了太极拳学习班。

3 只见 zhǐ jiàn to only see

用在句前。不能有主语。例如：

"只见" is used at the beginning of a sentence and cannot be preceded by a subject, e.g.

（1）大家望着天空（tiānkōng, sky），只见天上横着一条巨大的光束。

（2）走进阅览室，只见她正在看杂志呢。

（3）开开教室的门，只见同学们都在安静地学习。

（4）爬上山顶往下一看，只见山那边有一条大河。

4 十分 shífēn（副）very; completely

表示程度很高，很。用在形容词或动词前面作状语，多用于书面。例如：

"十分" is used to indicate highness in degree (meaning "very") and is used as an adverbial before an adjective or verb. It is mostly used in written Chinese, e.g.

（1）一个飞蝶快速转着，那橙红色的光十分耀眼。

（2）留学的机会十分难得，一定要好好儿珍惜（zhēnxī, to cherish）。

（3）看到我的画儿被挂在展览橱窗里，我十分高兴。

（4）这是朋友送给我的生日礼物，我十分喜欢。

用法对比："十分"和"非常"

Compare: "十分" and "非常"

"非常"可以重叠，"十分"不能。例如：

"非常" can be reduplicated, while "十分" cannot, e.g.

（1）这场艺术表演非常非常 /* 十分十分精彩。

"十分"前面可以加"不"，表示程度较低。"非常"不能。例如：

"不" can be added before "十分", indicating lowness in degree, but it cannot be used before "非常", e.g.

（2）我觉得他这本书写得不十分 /* 非常好。

5 以为 yǐwéi（动）to think; to believe

认为，（错误地）认为。常用于说话人已知道自己的判断与事实不符之后。例如：

"以为" means "to think (wrongly)". It is often used when the speaker has realized that his/her judgment was wrong, e.g.

（1）在那一刻，我以为它要落下来了，可飞碟却停住了，又向高空慢慢飞去。

（2）我以为是小林呢，原来是你啊。

（3）你没有回国呀，我以为你回国了呢。

（4）都十二点了，我以为还不到十点呢。

用法对比：“以为”和“认为”

Compare: “以为” and “认为”

“以为”有“认为”的意思，但更常用于表示做出的判断和估计与事实不符，是错误的，交际中表示醒悟、指责等。例如：

“以为” means “认为” (to consider). However, it is more often used to indicate that the judgment and estimation don’t conform to the fact and are wrong, showing somebody’s realization or accusation in communication, e.g.

（1）你不要认为 / 以为自己不懂的事情别人也一定不懂。

（2）我们都以为 /* 认为她是日本人，原来她是韩国人。

（3）我们都以为 /* 认为他能干好这个工作，谁知他干了两天就坚持不下去了。

6 渐渐 jiànjiàn（副）gradually; little by little

表示程度或数量缓慢地增加或减少。例如：

It indicates the degree or quantity is slowly increasing or decreasing, e.g.

（1）飞碟留下的光束在空中亮了半天才渐渐地暗下去。

（2）来中国快一年了，我渐渐习惯了这里的生活。

（3）晚上十点以后，路上的人渐渐少了。

7 形容词 + 下去 xíngróngcí + xiaqu adjective + 下去

表示某种状态已经存在并将继续发展。强调继续发展。形容词一般是消极意义的。例如：

“Adjective + 下去” indicates that an existing condition will further develop, and its emphasis is on the latter part (further development). Adjectives used in this construction usually have a negative meaning, e.g.

（1）飞碟留下的光束在空中亮了半天才渐渐地暗下去。

（2）天气要是这么冷下去，我可受不了了。

（3）你不能再瘦下去了，应该多吃点儿。

（4）我们两国的关系只能好起来，不能坏下去。

五 练习 Liànxí Exercises

1 语音 Phonetics 11-3

（1）辨音辨调 Distinguish the pronunciations and tones

飞碟	fēidié	蝴蝶	hútié
公里	gōnglǐ	功利	gōnglì
鲜美	xiānměi	献媚	xiànmèi
寻常	xúncháng	欣赏	xīnshǎng
以为	yǐwéi	意味	yìwèi
只见	zhǐ jiàn	之间	zhī jiān
神奇	shénqí	神情	shénqíng

（2）朗读 Read out the following lines

君子和而不同。 Jūnzǐ hé ér bù tóng.

君子坦荡荡。 Jūnzǐ tǎn dàngdàng.

养天地正气， Yǎng tiāndì zhèngqì,

法古今完人。 Fǎ gǔjīn wánrén.

2 词语 Read out the following phrases

有山有水	有花有草	有车有船
十分耀眼	十分紧张	十分难过
不同寻常	不约而同	永远难忘
渐渐变了	渐渐明白	渐渐懂得
兴奋极了	高兴极了	难过极了
久久不能入睡	久久不能忘记	久久不能平静

3 选词填空 Choose the right words to fill in the blanks

A. 难得 味道 痛快 激动 朝 入睡 不约而同 明显 只见 渐渐

（1）这个菜的________很好，我很喜欢吃。

（2）听到这个消息他很________。

（3）老师问我们愿意不愿意去爬山，同学们________地回答："愿意。"

（4）从飞机的窗口向外看，________一片云海，非常漂亮。

（5）经过几个月的学习，他的汉语水平已经有了________提高。

（6）她的手术（shǒushù, operation）做得很成功，手术后身体________好起来了。

（7）昨天晚上，看了她给我发的邮件，我久久不能________。

（8）踢完足球，洗了个澡，喝了杯凉啤酒，真________。

（9）我房间的窗户________北，所以见不到太阳。

（10）对我来说，这次来中国留学是个非常________的机会。

B.

（1）秋天到了，树上的黄叶慢慢地落了________。

A. 下来 B. 起来 C. 下去 D. 上来

（2）我们走着走着，天慢慢地黑了________。

A. 下来 B. 起来 C. 上去 D. 上来

（3）听到外边有人叫，我连忙跑了________。

A. 出去 B. 出来 C. 回来 D. 下来

（4）我叫了半天，他也没听见，________在打着太极拳。

A. 当然　　B. 仍然　　C. 既然　　D. 忽然

（5）________你看见了，就给我们讲讲飞碟什么样。

A. 当然　　B. 仍然　　C. 既然　　D. 忽然

（6）这么好的电影，我________看啦。

A. 当然　　B. 仍然　　C. 既然　　D. 忽然

4 用括号里的词语完成句子 Complete the sentences with the words in the brackets

（1）我打开窗户，________________。（只见）

（2）我走进展览大厅，________________。（只见）

（3）我正准备给他打电话，________________。（忽然）

（4）一拿到毕业证书，________________。（不约而同）

（5）________________，可他连我的话也不愿意听完。（以为）

（6）天已经黑了，星星都出来了，________________。（仍然）

（7）________________，从此这一段经历我永远难忘。（因为）

（8）这是朋友送给我的生日礼物，________________。（十分）

5 用括号里的词语完成会话 Complete the dialogues with the words in the brackets

（1）A：他这本小说儿写得好吗？

B：________________。（十分）

（2）A：你们学校有多少学生？

B：________________。（大约）

（3）A：昨晚的足球赛你看了吗？

B：看了，当看到我们赢了的时候，________________。（激动）

（4）A：我不是中国人，不知道这个地方。

B：对不起，________________。（以为）

（5）A：妈，我爸爸最近身体好吗？

B：他手术以后，________________。（渐渐）

（6）A：你要去参加他的婚礼吗？

B：当然。我们很久没见面了，________________。（难得）

6 连句成段 Rearrange the following sentences into paragraphs

（1）A. 发现一条宽约三十公里的冰川正在以每年八公里的速度迅速融化

B. 报道还说，科学家的这一结论是在对近四年的卫星数据进行研究后得出的

C. 这一发现表明全球气候仍在继续变暖

D. 最近一期《科学》杂志报道说，科学家对南极的卫星图像进行了研究

____

（2）A. 为了能让孩子们都受到教育，她轮流（lúnliú, to take turns）送他们去上学。老师发现：三个孩子中每次只有一个来上课，而且都穿那条裤子

B. 一天，老师给我们讲了这样一个故事：南方一个贫困的山村有一个母亲，她有三个孩子，但她穷得只能给三个孩子做一条裤子

C. 后来，三个孩子一个成了大学教授，一个成了著名的医生，一个当了电脑工程师

D. 这位母亲为了让孩子读书，吃了不知道多少苦，但她从来不觉得自己苦，看到自己的孩子一个个学习都很努力，她感到很高兴

____

7 改错句 Correct the sentences

（1）因为是个新电影，大家都买票，不约而同地看。

____

（2）秋天一来，有十分多的水果在街路上。

____

（3）我走路上街的时候，被一辆自行车朝我撞伤了。

____

（4）我只见天空有很多星星。

____

（5）太阳渐渐落下了，我们快下去山吧。

____

8 情景表达 Language and context

1. 下列句子什么情景下说？ In which situations do we use the following sentences?

（1）看到这种情况我很激动。

（2）我感觉发生了不同寻常的事情。

（3）来中国遇到的这件事让我一生难忘。

（4）这一刻，我惊呆了，不知道该说什么。

2. 下列情景怎么说？　How do we describe or what do we say in the following situations?

（1）你早就想来中国留学，可是因为没有得到奖学金，一直来不了，去年你终于得到了中国政府的奖学金，来到了中国，你觉得得到这个机会很不容易。　（难得的机会）

（2）上课时，老师问你和其他同学周末是否想去爬山，你们都回答想去。　（不约而同）

（3）不久前你给喜欢的人打了电话，希望他 / 她做你的男 / 女朋友。今天你收到了回信，你很兴奋，晚上很长时间没有睡着觉。　（久久不能入睡）

9 综合填空 Fill in the blanks

补充生词　Supplementary words

①	篓	lǒu	basket
②	熏肠	xūncháng	smoked sausage
	熏	xūn	to smoke (food)
③	采访	cǎifǎng	to interview
④	牧民	mùmín	herdsman
⑤	哈萨克族	Hāsàkè Zú	Kazakh ethnic group
⑥	陈设	chénshè	furnishing
⑦	主人	zhǔrén	host/hostess
⑧	馕	náng	crusty pancake, a staple food of the Uygurs and Kazakhs

⑨	客套话	kètàohuà	polite expression or formalities
⑩	保安	bǎo'ān	security guard
⑪	费周折	fèi zhōuzhé	to cause a lot of trouble

一篓熏肠

那年深秋的一天，我在新疆采访，来到①________乌鲁木齐一百多公里的一个牧民村。因为中午赶不回去了，就在一个哈萨克族牧民家里吃午饭。从屋里的陈设②________，这家人的生活很一般。主人是位五十多岁③________中年男子，他话不多，看起来很朴实。

饭菜上桌了，是几个馕和一盘熏肠。吃完以后，我向主人④________感谢，我说："谢谢你的招待，你家的熏肠真好吃。"他听了高兴⑤________说："是吗？是吗？自己做的，等过节的时候，做了新的、更好的，我送给你尝尝。"

我以为这不过是饭桌上的客套话，说说也就算⑥________。

⑦________知道，三个月后的一天，我在公司的窗外看到一个牧民打扮的人和门口保安在说着什么。不久，保安来找我，给了我一个竹篓，说是一个哈萨克族人给我送的熏肠。我一下子想了起来，立刻下楼去追，可追了半天也没追上。

他是怎么来的？是费了多少周折才找到我们公司的？到现在我也不清楚。⑧________，这位诚实守信的哈萨克族牧民的形象，永远留在了我的心里。

（根据王慧敏的文章改写）

10 交际会话 Communication

怀疑与相信　Expressing belief and disbelief

A：我看过很多有关飞碟的文章，只是没亲眼见过飞碟。你呢？

B：我见过一次。当时在场的人，却被它那壮观（zhuàngguān, spectacular）的景象惊呆了。对我来说，那真是一次不同寻常的经历（jīnglì, experience）。

A：是真的吗？这么说，你相信飞碟的存在了？

B：从那次以后，我相信了。而且，我还相信宇宙中肯定还存在着其他生物。

A：见到飞碟以后，你怎么想？

B：我想上去，跟它走！

A：我也相信这个世界存在着太多的可能性。要是将来有一天跟外星人见了面，怎么跟他们交流呢？

B：先教他们说汉语呀！

Dì-shí'èr kè
第十二课
Lesson 12

Hǎorén nán dāng
好人难当
It is hard to be a good person

一 课文 Kèwén Text

12-1

忽然发现好人难当，尽管你是诚心诚意的，有时也难免吃力不讨好。

下班骑自行车回家，看到一个小男孩儿拿着一盒冰激凌跑过马路，不小心摔倒了，冰激凌飞出好远。小男孩儿趴在地上大哭，我连忙下车把他扶起来。这时从路旁的楼里跑出来一个女人，抱着孩子左看右看，一副心疼的样子，我想是孩子的妈妈，就安慰她说，小孩子摔一跤没关系。她双眼一瞪，对我吼道："你骑车也不小心一点儿，这次没摔伤算你走运！"又指着地上的冰激凌说："赔了冰激凌你可以走了！"

上午还是晴天，中午却阴得厉害，好像要下雨。见邻居家

的被子还在院子里晒着，心想，他们是双职工，恐怕不能回来收，就把被子抱进自己的单身宿舍里，免得被雨淋湿。

下午突然接到通知，要我陪领导去外地检查工作。第五天回到宿舍，才想起邻居家的被子。连忙去还，邻居却说，以为被小偷儿偷走了，就又买了一套新的。我只好向人家一遍又一遍地道歉。朋友们知道了，都说我是个“马大哈”。

去逛公园，看见林荫道上一对青年男女手拉着手在散步，叫人好不羡慕。忽然发现姑娘的裙子后边拉链儿没拉上，很不好看。该不该告诉她？我犹豫着。游人越来越多，我替那姑娘着急，心一横就上前说了。那男的却把眼一瞪：“这么大的公园，这么多的风景你不看，却看人家姑娘的拉链儿，你无聊不无聊！”

去修自行车时，一位漂亮的姑娘推着车过来打气，看她打了半天也打不进去，就说："我来帮你打吧。"她连声道谢，说："现在像你这样的好人真是不多了。"我听了十分得意，手中的气筒压得更加起劲儿，还想再和她多聊几句，不料，"嘭"的一声——把车胎打爆了……

（根据林小龙的文章改写）

回答课文问题　Answer the questions according to the text

（1）那个孩子的妈妈为什么对"我"吼？
（2）朋友们为什么说"我"是个"马大哈"？
（3）在公园里"我"为什么被误解？
（4）"我"是怎么把姑娘的自行车胎打爆的？

二 生词 Shēngcí New Words

12-2

1. 尽管　jǐnguǎn　（连、副）　although; in spite of
2. 诚心诚意　chéngxīn-chéngyì　earnestly and sincerely
3. 难免　nánmiǎn　（形）　unavoidable; bound to happen
4. 吃力不讨好　chīlì bù tǎohǎo　to do a hard but thankless job

	吃力	chīlì	（形）	strenuous; painstaking
	讨好	tǎo hǎo	（动）	to fawn on; to bow and scrape
5.	盒	hé	（量）	box
6.	冰激凌	bīngjīlíng	（名）	ice cream
7.	趴	pā	（动）	to lie on one's stomach
8.	心疼	xīnténg	（动）	to make one's heart ache; to love dearly
9.	安慰	ānwèi	（动）	to comfort; to console
10.	双	shuāng	（量）	pair
11.	瞪	dèng	（动）	to glare; to stare
12.	吼	hǒu	（动）	to shout
13.	道	dào	（动）	to say; to talk; to speak
14.	走运	zǒu yùn	（形）	lucky
15.	指	zhǐ	（动）	to point at
16.	赔	péi	（动）	to pay for; to compensate
17.	晴	qíng	（形）	sunny; clear; fine
18.	阴	yīn	（形）	overcast; cloudy
19.	被子	bèizi	（名）	quilt
20.	双职工	shuāngzhígōng	（名）	working couple
21.	收	shōu	（动）	to collect
22.	单身	dānshēn	（名）	single person; unmarried person
23.	免得	miǎnde	（连）	so as not to; so as to avoid
24.	道歉	dào qiàn	（动）	to apologize; to make an apology after realizing one is in the wrong
25.	马大哈	mǎdàhā	（名）	careless and forgetful person
26.	逛	guàng	（动）	to go for a walk; to stroll
27.	林荫道	línyīndào	（名）	avenue; boulevard

28.	青年	qīngnián	（名）	youth; young person
29.	好不	hǎobù	（副）	very; extremely
30.	拉链（儿）	lāliànr	（名）	zipper
31.	横	héng	（动）	to steel (one's heart)
32.	推	tuī	（动）	to push; to concentrate strength in a forward direction to make an object or a part of an object move
33.	打气	dǎ qì	（动）	to inflate; to pump up (a ball or tire, etc.)
34.	连声	liánshēng	（副）	to say repeatedly; to say again and again
35.	道谢	dào xiè	（动）	to express thanks
36.	得意	déyì	（形）	pleased with oneself; proud of oneself
37.	气筒	qìtǒng	（名）	inflator
38.	压	yā	（动）	to press
39.	更加	gèngjiā	（副）	more
40.	起劲（儿）	qǐjìnr	（形）	energetic; enthusiastic (in work, games, etc.)
41.	嘭	pēng	（象）	bang
42.	车胎	chētāi	（名）	tire
43.	爆	bào	（动）	to explode

三 注释 Zhùshì Notes

1 吃力不讨好 to do a hard but thankless job

为某事用了很多时间和精力，但是没有得到好的评价。

It means that (someone) spends a lot of time and effort on something, but is not appreciated.

② 好不羡慕 how envious (it makes one feel)

“好不＋形容词”，表示肯定，是“非常/很＋形容词”的意思。限于部分双音节形容词。例如：

“好不 + adjective” indicates affirmation. It means the same as “非常 (very; quite) + adjective”. It is limited to some disyllabic adjectives, e.g.

好不伤心　　好不热闹　　好不痛快　　好不奇怪

③ 心一横就上前说了 I steeled myself, went up and told them.

“心一横”表示下定决心，不顾一切。

“心一横”: determined and regardless of the consequences.

四 词语用法 Cíyǔ yòngfǎ Usage

① 尽管 jǐnguǎn（连、副）although; despite; to feel free to

1. 连词，虽然，常与“但是、可是”等转折连词搭配使用。常用于前一分句的开头。例如：

As a conjunction, it means “although”, often used together with “但是” or “可是” at the beginning of the first clause, e.g.

（1）忽然发现好人难当，尽管你是诚心诚意的，有时也难免吃力不讨好。

（2）尽管他最近身体不太好，但是仍坚持工作。

（3）尽管我已经长大了，可是在妈妈眼里，我还是个小孩子。

（4）尽管来了这么长时间了，可是我仍然不习惯早起。

2. 副词，表示没有条件限制，可以放心去做。例如：

As an adverb, it means “to feel free to”, indicating that one is not limited by the condition and can do something at will, e.g.

（5）你们有问题尽管问老师。

（6）有什么话尽管说吧，别不好意思。

2 难免 nánmiǎn（形）unavoidable; bound to happen

不容易避免（出现的情况）。常用在动词前，后面跟“要”“会”。例如：

“难免” means “hard to avoid”. It is often used before verbs and is usually followed by “要” or “会”, e.g.

（1）忽然发现好人难当，尽管你是诚心诚意的，有时也难免吃力不讨好。

（2）做事不认真就难免要出问题。

（3）就算是朋友之间，意见也难免会不同。

（4）学习外语，写错、说错都是难免的。

3 恐怕 kǒngpà（副）perhaps; probably; maybe

表示对情况的估计，有时说话人有担心的意思。作状语。例如：

“恐怕” is used to estimate a situation, sometimes implying worries on the part of the speaker. It functions as an adverbial, e.g.

（1）他们是双职工，恐怕不能回来收被子。

（2）看样子他恐怕不会来了，我们别等了。

（3）我们快走吧，恐怕一会儿要下雨。

（4）她出国恐怕有两年了吧。

用法对比：“恐怕”和“可能”

Compare: “恐怕” and “可能”

“恐怕”表示的估计都是不太好的，“可能”表示的估计没有这个限制。例如：

“恐怕” indicates the thing estimated is bad, while “可能” doesn’t have such a limitation, e.g.

（1）他今天没来上课，恐怕 / 可能是病了。

（2）你跟老师说说，可能 /* 恐怕她会同意。

“可能”还可以受副词“很、非常”修饰，“恐怕”不能。例如：

“可能” can be modified by the adverb “很” or “非常”, while “恐怕” cannot, e.g.

（3）他很可能 /* 恐怕已经回国了。

4 免得 miǎnde（连）so as not to; so as to avoid

多用于后一小句。表示（做了前一分句所说的事情，就可以）避免某种不希望的情况发生。例如：

"免得" is mostly used in the second clause to indicate that with the thing in the first clause done, one may prevent something undesirable from happening, e.g.

（1）我把他们的被子抱进自己的单身宿舍里，免得被雨淋湿。

（2）骑车上街一定要小心，免得发生事故。

（3）我病了的消息你最好不要告诉他，免得他担心。

（4）带上雨伞吧，免得下雨淋着。

5 来 lái（动）to take; to give; to let

1. 代替意义具体的动词。例如：

"来" is often used as a substitute for specific verbs, e.g.

（1）你拿那个包，这个我自己来。

（2）服务员，来两瓶可乐！

2. 用在另一个动词或动词词组前面，表示要做某事。例如：

It is used before another verb or verbal phrase to indicate that one is going to do something, e.g.

（3）一位漂亮的姑娘推着车过来打气，看她打了半天也打不进去，就说："我来帮你打吧。"

（4）你来帮我拉一下儿。

（5）别着急，这个问题大家来想想办法。

五 练习 Liànxí Exercises

1 语音 Phonetics 12-3

（1）辨音辨调 Distinguish the pronunciations and tones

诚心	chéngxīn	称心	chènxīn
难免	nánmiǎn	南边	nánbian

吃力	chīlì	视力	shìlì
单身	dānshēn	担心	dān xīn
好不	hǎobù	好处	hǎochù
安慰	ānwèi	安危	ānwēi
得意	déyì	特意	tèyì

（2）朗读 Read out the following proverbs

有理走遍天下， Yǒu lǐ zǒubiàn tiānxià,
无理寸步难行。 Wú lǐ cùn bù nán xíng.

真金不怕火炼。 Zhēnjīn bú pà huǒ liàn.
有志者事竟成。 Yǒu zhì zhě shì jìng chéng.

2 词语 Read out the following phrases

别摔着	别碰着	别冻着
拉上拉链儿	拉开拉链儿	拉上窗帘儿（chuāngliánr, curtain）
诚心诚意	真心真意	一心一意
去逛公园	去逛商店	去逛书店
好不羡慕	好不得意	好不高兴
十分得意	十分满意	十分难过
打不进去气	踢不进去球	看不进去书

3 选词填空 Choose the right words to fill in the blanks

A. 羡慕　免得　走运　难免　吃力　道歉　诚心诚意　安慰

（1）她是________想帮助你，你不要辜负（gūfù, to fail to live up to）了她的好心。

（2）刚到一个新环境，________有点儿不习惯。过一段时间就好了。

（3）她学习上有点儿________。

（4）你要去不了就快给他打个电话，________他等你。

（5）这件事是你的不对，你应该向他________。

（6）每当我感到难过的时候，她总来________我。

（7）我真________他，这么年轻就取得这么大的成绩。

（8）这场球他们队不太________，有几个该进的球都没有踢进去。

4 用括号里的词语完成句子 Complete the sentences with the words in the brackets

（1）学习汉语真不容易，尽管很努力，____________。（难免）

（2）____________________，但是她仍然坚持了下来。（尽管）

（3）外边很冷，出门一定要多穿点儿，____________。（免得）

（4）你看天阴得多厉害，________________。（恐怕）

（5）我正准备给他打电话，______________。（突然）

（6）这是朋友送给我的生日礼物，____________。（十分）

5 用括号里的词语完成会话 Complete the dialogues with the words in the brackets

（1）A：有的句子我听得懂，但是说不出来。

B：________________________________。（难免）

（2）A：你听天气预报了没有，今天有雨吗？

B：有雨，你带上雨伞吧，________________。（免得）

（3）A：听说他喜欢的女孩儿答应做他女朋友了。

B：是啊，______________________。（得意）

（4）A：今天下午的会你能参加吗？

B：________________________________。（恐怕）

（5）A：他已经三十岁了，学习外语有点儿吃力。
B：________________________________。（尽管）

（6）A：这个箱子太重了，我提不动。
B：我________________________________。（来）

6 连句成段 Rearrange the following sentences into paragraphs

（1）A. 雷锋能够成为中国人心中的英雄，主要是因为他总是助人为乐
B. 雷锋告诉了我们人生的真正意义：自己活着是为了让别人生活得更美好
C. 你问我，我是一个外国老板，为什么我的桌子上会摆着一个雷锋的雕像
D. 我想，你如果知道雷锋是谁，你如果看过这本书，你就会明白，为什么雷锋能受到中国人的称赞，为什么我这个老外也要向雷锋学习
E. 你就会找到问题的答案，说不定你也会对书中写的雷锋这个人产生兴趣

____

（2）A. 站在地上望它，它像一个大盖子
B. 很好地保护着我们的地球，使我们人类能够在这里生存
C. 大气层是贴近地球表面的一层空气
D. 它不仅把地球装饰得如此美丽，而且还是一道天然的保护层
E. 飞到别的星球上看它，它像盖住地球的一层轻纱

____

7 改错句 Correct the sentences

（1）他得意他的汉语说得很好。

____

（2）我要赶快交作业及时（jíshí, in time），免得老师批评。

____

（3）纪念碑前的鲜花表示人们对烈士人的羡慕。

____

（4）我很吃力地考试，但是成绩不太好。

____

（5）你再告诉他，难免他忘了。

____

（6）因为我碰了他，赶快道歉他说："对不起。"

____

8 情景表达 Language and context

1. 下列句子什么情景下说？ In which situations do we use the following sentences?

（1）这真是吃力不讨好。

（2）我连忙向她道歉。

（3）你真是个"马大哈"。

2. 下列情景怎么说？ How do we describe or what do we say in the following situations?

（1）丈夫要出门，妻子要他带上雨伞。（免得）

（2）有人问你，玛丽今天回来不回来，你认为她可能不回来。（恐怕）

（3）你的朋友考试得了全校第一名，你对他说很羡慕他。

（好不）

9 综合填空 Fill in the blanks

补充生词 Supplementary words

①	漫天	màntiān	all over the sky
②	抱怨	bàoyuàn	to complain
③	甜蜜	tiánmì	sweet; happy
④	感伤	gǎnshāng	sad; sentimental
⑤	欣喜	xīnxǐ	glad; joyful
⑥	沉默	chénmò	silent; quiet
⑦	魅力	mèilì	charm
⑧	冒险	mào xiǎn	to risk; to take a chance
⑨	冲动	chōngdòng	impulse
⑩	镇静	zhènjìng	to calm down
⑪	胡思乱想	húsī-luànxiǎng	random thought
⑫	戒心	jièxīn	vigilance
⑬	信任	xìnrèn	to trust
⑭	怀疑	huáiyí	to doubt

春天的故事

听到门响，知道是丈夫回来①________。

“晚上车顺利吧？”

没有回答，想是有话要说，我便抬起头来。

“挺顺利的。”丈夫说。目光却望②________窗外。

“车上有一个女孩儿，好像没来过这边，问方村还有几站，我告诉了她。一起下车后，见她犹犹豫豫地四处张望，我很想问她去哪儿，为她指路或送她一段，可是还是走开了，怕她把我③________坏人，搞得不愉快。”

说完了，丈夫那表情好像做错了什么事似的，没再说话。

窗外，雨还在轻轻地下着，风吹了进来。今年的春天有些特别，少了些漫天的黄风，多了几场不大不小的春雨。虽然人们有点儿抱怨，但那树枝却诚心诚意地绿了起来。不知不觉中，我的心里突然有了一种不是痛苦、不是甜蜜、不是感伤、不是欣喜的滋味。

几天前，也是这样一个下雨的晚上，从朋友家出④________，到车站坐车回家。在风雨中，我拉紧了衣领，来回走着，着急地等着车，心想，车来之前一定会被淋成个落汤鸡。忽听身边一个很低却很清晰的男声说：“站到这伞下来吧。”我忽然收住了脚，“哦，不！”我本能地回答那黑暗中的声音，却没再动。陌生男人转过脸对着马路，过了几秒钟又说：“站过来吧！雨下⑤________这么大！”不知是这声音里的命令意味，还是那高大的个子在沉默中显示的魅力，⑥________我产生了想冒险的冲动，于是迈了一步站到了他的伞下。听得到自己心里咚咚直跳，装作很镇静地抬头看看那伞。那伞已经破了，雨水滴到陌生男人的肩上，那张脸仍镇静地面对马路。车很快就来了，我这才松了一口气，轻声地道了谢，⑦________头也不回地跳上车，感受到的仍是背后的目光。

窗外仍然是细细的雨声。

这时我也开始胡思乱想⑧________来，那小女孩儿是否被淋湿了？她是否顺利地找到了要去的地方？不知那低声男子是否还记得，那天在车站他的好意换来的是我的一脸警惕？不知他后来是否还肯在黑夜中与淋湿的路人共享一些温暖？真愿大家都能多一些爱心，少一些戒心，多一些信任，少一些怀疑。

有了这场春雨，今年的春天会更美，我想。

10 交际会话 Communication

评论（2） Commenting (2)

（下课后，A 和 B 在讨论课文中的问题 A and B are talking about the problem in the text after class）

A：没想到做好事还会遇到这么多想不到的麻烦。

B：是啊！这个人好心帮邻居收被子，差点儿被人家当成小偷儿；好心帮人打气，又打爆了车胎……

A：所以，做好事只靠热心还不行，还要注意方法。

B：不过，我还是觉得这个人很可爱（kě'ài, cute），他助人为乐的精神叫人感动。

A：对，我也喜欢他，甚至喜欢他那些美丽的错误（cuòwù, mistake）。

B：是啊！这些美丽的错误，给生活带来了不少欢乐。

A：我佩服他一次又一次地不被别人理解，还做好事。好人难当还要当，这才是真正的好人呢。

Dì-shísān kè
第十三课
Lesson 13

Bǎixìng de huà
百姓的话
Ordinary people's words

一 课文 Kèwén Text

13-1

姓名：高明

性别：男

职业：外地打工青年

出来打工快一年了，特别想家，想爸爸妈妈。我在家是老大，下面还有一个弟弟、一个妹妹。我们家生活挺好的，以种地为主，兼搞一些副业。家里有房，有地。我高中毕业后，在家常帮爸爸妈妈干些农活儿。在家千日好，出门一时难。出来总没有在家好。要自己照顾自己，要自己洗衣服，还要学习怎么跟周围的人打交道。总之，挺难的。不过我想，这对我也是个锻炼，一个人总不能守着父母过一辈子，总得自立。想到这儿，心情就好一点儿。

姓名：李文

性别：女

职业：电视台编辑

单亲家庭的日子不好过。离婚后，儿子跟了我，我很高兴。但一个女人带一个孩子，家务事就够我忙的了，想出去玩儿玩儿，哪怕是看一场电影都不行。一下班就得赶快往家跑，特别怕孩子出事。休息日得给儿子复习功课，自己的能力不够，给儿子请了个家教，我得陪读。孩子今年考初中，晚上连电视我都不敢看，怕影响儿子学习。好在孩子还算听话，功课也不错。我自己的事三年内不考虑，等孩子大点儿，懂事时再说。

姓名：克风

性别：男

职业：歌手

最初来北京是想考电影学院，没有考上，就留在这儿当了歌手，一待就是四年。家中只有母亲一人，春节前又摔伤了。我一岁多父亲就去世了，母亲一个人把我们姐弟三人养大。我想把母亲接到北京来，可我们歌手的工作、生活都不安定，母亲知道了反而更担心；回到母亲身边去吧，我现在一没有成就，二没有钱，实在没脸回去见同学、朋友。朋友们说我不孝，我知道自己不是不孝。其实我心里也很矛盾，觉得挺苦的。

回答课文问题　Answer the questions according to the text

（1）打工青年高明为什么觉得自己“挺难的”？
（2）电视台编辑李文的日子过得怎么样？她现在为什么不想解决自己的个人问题？
（3）歌手克风为什么不把母亲接到自己身边？他是不孝吗？

二　生词 Shēngcí　New Words

13-2

1. 百姓	bǎixìng	（名）	common people
2. 姓名	xìngmíng	（名）	family name and given name; full name
3. 性别	xìngbié	（名）	gender; sex
4. 职业	zhíyè	（名）	occupation
5. 老大	lǎodà	（名）	eldest child
6. 以……为主	yǐ……wéi zhǔ		to take... as the main...
以	yǐ	（介）	with; by means of
7. 种地	zhòng dì	（动）	to engage in farming; to be a farmer
地	dì	（名）	field; land
8. 兼	jiān	（动）	simultaneously; concurrently
9. 副业	fùyè	（名）	sideline; side occupation

10.	高中	gāozhōng	（名）	senior high school
11.	农活儿	nónghuór	（名）	farm work
12.	一时	yìshí	（名）	a moment
13.	照顾	zhàogù	（动）	to look after
14.	总之	zǒngzhī	（连）	in a word
15.	守	shǒu	（动）	to stay (with sb.)
16.	一辈子	yíbèizi	（名）	all one's life
17.	总得	zǒngděi	（副）	must; to have to; to be bound to
18.	自立	zìlì	（动）	to stand on one's own feet; to be independent
19.	编辑	biānjí	（名、动）	editor; to edit
20.	单亲	dānqīn	（形）	single-parent
21.	带	dài	（动）	to take care of; to bring up
22.	家务	jiāwù	（名）	household duties
23.	哪怕	nǎpà	（连）	even if
24.	出事	chū shì	（动）	to meet with a mishap
25.	家教	jiājiào	（名）	family tutor
26.	陪读	péidú	（动）	to accompany a person studying at school
27.	初中	chūzhōng	（名）	junior high school
28.	好在	hǎozài	（副）	fortunately; luckily
29.	听话	tīnghuà	（形）	obedient
30.	内	nèi	（名）	in; within
31.	懂事	dǒngshì	（形）	sensible; thoughtful
32.	歌手	gēshǒu	（名）	singer
33.	最初	zuìchū	（名）	at first; originally

34. 学院	xuéyuàn	（名）	college
35. 去世	qùshì	（动）	to die; to pass away
36. 接	jiē	（动）	to meet; to bring; to take
37. 安定	āndìng	（形、动）	settled; to settle; to stabilize
38. 反而	fǎn'ér	（副）	on the contrary; instead
39. 身边	shēnbiān	（名）	at (or by) one's side
40. 成就	chéngjiù	（名）	success; achievement
41. 没脸	méi liǎn	（动）	to be embarrassed
42. 孝	xiào	（形）	filial piety

专名 Zhuānmíng　Proper Nouns

1. 高明	Gāo Míng	Gao Ming, name of a person
2. 李文	Lǐ Wén	Li Wen, name of a person
3. 克风	Kè Fēng	Ke Feng, name of a person

三 注释 Zhùshì　Notes

1 老大 the eldest or the first child

老大：the eldest child

老二：the second child

老三：the third child

2 以……为主 being the main

"为"是"作为"，"主"表示基本的、最重要的。"以……为主"是一种常用的表达方式。"以种地为主"是把种地作为主要职业。

"为" is equivalent to "作为" (to take as). "主" means "basic" or "the most important". It is usually used in the pattern "以……为主". "以种地为主" means "with farming as (being) the main profession".

3 在家千日好，出门一时难。 There's no place like home.

谚语。表示出门在外比在家困难。

It is a proverb meaning "living away from home is always harder than at home".

4 我自己的事三年内不考虑。 I won't consider getting married in three years.

句中"自己的事"是指"再婚"。

"自己的事" in the sentence means "to marry again".

四 词语用法 Cíyǔ yòngfǎ Usage

1 总之 zǒngzhī（连）in a word

也说"总而言之"，总括上文所说。例如：

"总之", or "总而言之", is used to summarize what was said above, e.g.

（1）要自己照顾自己，要自己洗衣服，还要学习怎么跟周围的人打交道。总之，挺难的。

（2）听力、口语、阅读、写作，总之哪门功课都很重要，都得学好。

（3）玛丽说要去西安，麦克说要去云南，总之全班同学各有各的计划。

（4）田芳喜欢打太极拳，张东喜欢打网球，我一般下午去操场玩儿一会儿篮球。总之，大家都比较注意锻炼。

2 总得 zǒngděi（副）must; to have to

表示必要、一定要，必然要这样。例如：

"总得" expresses necessity and obligation, e.g.

（1）一个人总不能守着父母过一辈子，总得自立。

（2）一到春天，天气总得冷一段时间才能慢慢变暖和。

（3）不能去上课，总得告诉老师一声吧。

3 够 gòu（副、动）enough; sufficiently; to reach

1 副词（*adv.*）

1. 表示程度很高。用在形容词前，句末常带"的""了""的了"。例如：

As an adverb, "够" means "a very high degree". It is used before adjectives. The sentence often ends with "的", "了", or "的了", e.g.

（1）家务事就够我忙的了，想出去玩儿玩儿，哪怕是看一场电影都不行。

（2）她一个人又上班又要带孩子，够难的。

（3）今年夏天够热的。

（4）你一个人住一个房间够好了，我们都是两个人住一个房间。

2. 表示达到一定标准。用在形容词前。形容词只能是积极意义的，不能是相应的反义词。例如：

It also means "to have reached a certain standard" and is used before adjectives with positive connotations, the antonyms of which cannot be used with "够", e.g.

（5）你看这条裙子够不够长？

（6）他的个子当篮球运动员不够高。

2 动词（*v.*）

1.（用手或工具）伸到不易达到的地方取（东西）。例如：

As a verb, “够” means “to stretch out one’s hand (or use a tool) to get something, usually from a place not very easy to reach”, e.g.

（1）要站在椅子上，不然够不着。

（2）你够得着上边的那本书吗？

2. 满足或达到了需要的数量、标准、程度等。例如：

It also means “to satisfy or reach a necessary amount, standard or degree, etc.”, e.g.

（3）你一个月两千块钱够用吗？

（4）路上带一瓶水够不够？

（5）你买的牛奶够我们喝两天。

（6）当翻译，我现在还不够条件。

3. 作结果补语，表示超过所需的标准、程度等。多表达厌烦、不喜欢的情绪。例如：

As a complement of result, “够” indicates having surpassed the standard or degree needed, expressing the speaker’s boredom or dislike, e.g.

（7）每天吃这个，我早就吃够了。

（8）这个工作我真干够了。

4 哪怕 nǎpà（连）even if; no matter how

表示假设出现某种情况或条件（也不会改变结果），后边多用“都”“也”等呼应。例如：

“哪怕” indicates “it makes no difference even if...” and is usually followed by corresponding words like “都”, “也”, etc., e.g.

（1）家务事就够我忙的了，想出去玩儿玩儿，哪怕是看一场电影都不行。

（2）哪怕今天晚上不睡觉，我也得把这篇文章写完。

（3）别说一百块钱，哪怕一千块钱我也要买。

（4）哪怕有再大的困难，我也要坚持学下去。

注意：“哪怕”和“即使”用法基本相同。“哪怕”多用于口语。

Note: The usage of “哪怕” is basically the same as that of “即使”. The former is more often used in spoken Chinese.

5 敢 gǎn（动）to dare

有勇气、大胆地做某事。用在动词前边，也可以单独回答问题。表示否定时在“敢”前加“不”或“没”。例如：

“敢” means “to have the courage to do something”. It is used before a verb and can be used independently as a response to a question. “不” or “没” is used before “敢” to indicate negation, e.g.

（1）孩子今年考初中，晚上连电视我都不敢看，怕影响儿子学习。

（2）今天路上车太多，我没敢开车出门。

（3）老师叫我们回答问题的时候，我总是不敢说。

（4）A：你敢不敢从这儿游过去？

B：敢。

6 好在 hǎozài（副）fortunately; luckily

指某种有利的方面、条件或情况。例如：

“好在” refers to “having a good situation or condition”, e.g.

（1）最近我特别忙，没有时间照顾家，好在孩子还算听话。

（2）房间不太大，好在只我一个人住。

（3）妈妈身体不太好，好在我们家离医院很近。

7 一……就是…… yī……jiù shì…… The structure “一……就是……”

表示某个动作一开始就持续很长时间。“一”后面是动作，“就是”后面是动作持续的时间。例如：

It indicates that an action will last for a fairly long time once it starts. “一” is followed by an action, and “就是” is followed by the duration of the action, e.g.

（1）因为没考上大学就留在北京当了歌手，一待就是四年。

（2）他晚上看书，一看就是一两个小时。

（3）他在电脑前一坐就是半天。

8 反而 fǎn'ér（副）on the contrary; instead

根据前文 A，下文应当出现情况 B，但是 B 没有出现，却出现了与 B 相反的情况 C，这时要用“反而”。表示 C 的出现不合常理或出乎意外。例如：

“反而” is used to express a strong opposition to or disagreement with what has just been said, indicating the abnormality or unexpectedness, e.g.

（1）我想把母亲接到北京来，可我们歌手的工作、生活都不安定，母亲知道了反而更担心。

（2）春天到了，反而下起雪来了。

（3）他离这儿最远，反而来得最早。

（4）雨已经下了一天一夜了，今天不但没有停，反而越下越大了。

五 练习 Liànxí Exercises

1 语音 Phonetics 13-3

（1）辨音辨调 Distinguish the pronunciations and tones

姓名	xìngmíng	性命	xìngmìng
职业	zhíyè	枝叶	zhīyè
一时	yìshí	于是	yúshì
自立	zìlì	资历	zīlì
出事	chū shì	厨师	chúshī
不孝	bú xiào	不小	bù xiǎo

（2）朗读 Read out the following proverbs

一口吃不成个胖子。 Yì kǒu chī bu chéng gè pàngzi.

失败是成功之母。 Shībài shì chénggōng zhī mǔ.

青出于蓝而胜于蓝。 Qīng chū yú lán ér shèng yú lán.

人无远虑，必有近忧。 Rén wú yuǎn lǜ, bì yǒu jìn yōu.

2 词语 Read out the following phrases

从今天起	从明年起	从下个星期起
以种地为主	以学习为主	以工作为主
影响学习	影响休息	受影响
带孩子	带大	带学生
当了歌手	当了翻译	当了老师
生活挺苦的	心里挺苦的	中药挺苦的

3 选词填空 Choose the right words to fill in the blanks

A. 以……为主　好在　总得　照顾　敢　一时　反而　担心　安定　最初　够　哪怕

（1）不管多么忙，我每天________坚持锻炼一个小时。

（2）我安慰了她几句，没想到她________更难过了。

（3）学生当然应该________学习________。

（4）他是我初中同学，不过我________想不起来他的名字了。

（5）我来留学以后，妹妹负责________我的小狗。

（6）我每天都觉得时间不________用。

（7）我可不________一个人去旅行。

（8）________生活再困难，爸爸也从来没有在困难面前低过头。

（9）刚来时我各方面都不习惯，________我有几个好朋友，他们给了我很多帮助。
（10）________我想去美国留学，后来才决定来中国的。
（11）她喜欢当老师，她认为老师的工作比较________。
（12）儿子的工作和生活一直不安定，母亲很________他。

B.

（1）雨不但没有停，________下得更大了。（但是　反而）
（2）雨没有停，________比刚才小多了。（但是　反而）
（3）________再苦再累也要坚持下去。（尽管　哪怕）
（4）________很苦很累，但是大家的心情都很愉快。（尽管　哪怕）
（5）要有不________任何困难的决心，才能取得成功。（担心　怕）
（6）我在这里挺好的，爸爸妈妈不用为我________。（担心　怕）

4 用括号里的词语完成句子 Complete the sentences with the words in the brackets

（1）一个人在国外留学，要自己照顾自己，自己做饭吃，自己洗衣服。________________________。（总之）
（2）他喝了很多酒，不能让他再开车了，________________________。（怕）
（3）朋友想跟我借钱，可是我这个月的钱也不够用了，________________________。（总得）
（4）昨天晚上几乎一夜没睡，我真想找个地方睡一会儿，________________________。（哪怕……也……）

（5）妈妈总为我个人的事着急，可我想继续读书，______________________________。（再说）

（6）这些有名的地方我都去过，你是北京人______________________________。（反而）

5 用括号里的词语完成会话 Complete the dialogues with the words in the brackets

（1）A：明天我们去爬山吧。

B：我不想去，星期一要考试，____________________。（总得）

（2）A：你去机场送她吗？

B：应该送送她，可是我明天有考试，____________________。（一时）

（3）A：你这本书先借给我看看吧，____________________。（哪怕）

B：好吧，你拿去看吧。

（4）A：你不打算结婚了？

B：我还想继续读书，____________________。（再说）

（5）A：她哭得那么伤心（shāng xīn, sad; heart-broken），快去安慰安慰她吧。

B：不用，过一会儿就好了，你一安慰，她______________________________。（反而）

（6）A：北京的天气真怪（guài, strange; weird），春天了，反而更冷了。

B：每年春天都是这样，____________________。（好在）

6 连句成段 Rearrange the sentences into paragraphs

（1）A. 还说动物中鸟类的语言和人类的语言几乎一样多，虽然它们发出的只是不同的声音，还不能算作语言

B. 报上说，世界上人类的语言有两千七百多种

C. 报告中说，像人类那样，一种鸟类也爱学习别的鸟类的语言

D. 动物学家通过研究，写出了一份有趣的鸟类语言的报告

____

（2）A. 因此，保证大气圈的良好状态已成为各国人民的共同要求

B. 大气中的二氧化碳一点点增加，地球表面散热作用越来越弱

C. 科学家指出，目前，由于人类大量燃烧煤、石油、天然气

D. 如果这样下去，地球上的气温可能会越来越高，严重影响人类的生存

____

7 改错句 Correct the sentences

（1）哪怕今天怎么再忙，我都要把这本书看完。

____

（2）我们都喜欢看这个电影，他反而不喜欢。

____

（3）日本同学说日语很容易学，我反而觉得很难学。

____

（4）现在春天了，天气不但不暖和，反而不冷。

____

（5）她没来过中国，反而想来中国。

____

（6）她考试不太好，觉得很没脸了。

____

8 情景表达 Language and context

1. 根据实际情况回答。 Answer the following questions to your real situations.

（1）你出国留学已经快一年了，什么时候让你觉得“挺难的”？什么时候“心情会好一点儿”？

（2）说说曾经让你感到“为难”的事。

（3）什么时候你会“担心”？

（4）你有没有“心里挺苦”的时候？是什么时候？

2. 下列情景怎么说？ How do we describe or what do we say in the following situations?

（1）离开家一年了，总觉得在外边没有在家好。

（在家千日好，出门一时难）

（2）同学们都考上了大学，而自己没有考上，心情很不好。

（没脸）

（3）你跟谈了多年的男／女朋友分手（fēn shǒu, to break up with one's boyfriend/girlfriend）了，心里很难过。

（心里挺苦的）

9 综合填空 Fill in the blanks

补充生词 Supplementary words

①	地理	dìlǐ	geography
②	探险	tànxiǎn	to explore; to have an adventure
③	游记	yóujì	travel notes
④	游历	yóulì	travel for pleasure
⑤	志	zhì	ambition; aspiration
⑥	四方	sìfāng	four directions; all sides
⑦	翻山	fān shān	to tramp over the mountain
⑧	散文	sǎnwén	prose; essay
⑨	地位	dìwèi	position or status in social relations

徐霞客

徐霞客（Xú Xiákè）是中国古代有名①________旅行家、地理学家。②________从小就热爱大自然，特别爱读地理和探险游记一类的书，不少内容他都能背下③________。

十九岁那年，徐霞客想外出游历考察，实现他从小的愿望，走遍中国的山山水水，考察大自然。但他又担心母亲年纪大了，无人照顾，心中有点儿犹豫，也④________为难。母亲看出了他的心思，就⑤________他说："人常说，猪舍养不出千里马，花盆种不下万年松。好男儿要志在四方。孩子，别管我，你走吧！"

在母亲的支持下，他从太湖（Tài Hú）出发，翻过了五⑥________大山。每到一个地方都把自己看到的记录下来，后来写⑦________了《徐霞客游记》。这部书既是优秀的散文集，⑧________是重要的地理著作，在中国科学文化史上有十分重要的地位。

10 交际会话 Communication

谈论苦与甜　Talking about sweetness and bitterness

A：我现在才真正感到"在家千日好，出门一时难"了。

B：又遇到什么困难了？

A：困难多了，我得自己做饭、洗衣服、买东西，还得自己打扫房间，总之都挺难的。

B：你听说过"好男儿志在四方"这句话吗？

A：听说过。我就是想锻炼锻炼自己，才出国来留学的。

B：既然这样，你还叫什么苦呢？锻炼自己就是要吃苦嘛。

A：话虽然这么说，可是遇到困难时，还是有点儿想家，尽管也知道不可能再像以前那样一直过舒服日子了。

B：我觉得对年轻人来说，吃点儿苦有好处。

A：你怎么跟我爸爸说的一样？我爸爸总对我说，年轻人吃点儿苦，就是财富（cáifù, wealth）。我真不明白，苦怎么会是财富呢？

B：吃得苦中苦，才有甜上甜嘛。

词汇表
Vocabulary

A	爱恋	àiliàn	（动）	to be in love with; to feel deeply attached to	8
	安定	āndìng	（形、动）	settled; to settle; to stabilize	13
	安慰	ānwèi	（动）	to comfort; to console	12
B	白	bái	（副）	free of charge; in vain; for nothing	6
	百姓	bǎixìng	（名）	common people	13
	半死不活	bànsǐ-bùhuó		half dead	6
	报仇	bào chóu	（动）	to revenge	10
	爆	bào	（动）	to explode	12
	背	bēi	（动）	to carry on the back	9
	被子	bèizi	（名）	quilt	12
	蹦	bèng	（动）	to leap	6
	编辑	biānjí	（名、动）	editor; to edit	13
	标准	biāozhǔn	（名、形）	criterion; standard	9
	表达	biǎodá	（动）	to express (one's ideas or feelings); to convey; to voice	1
	表情	biǎoqíng	（名）	facial expression; look	6
	表示	biǎoshì	（动、名）	to show; to express; to indicate; words, actions or air expressing one's ideas and feelings	2
	宾馆	bīnguǎn	（名）	hotel	4
	冰激凌	bīngjīlíng	（名）	ice cream	12
	并	bìng	（副）	(*used before a negative to reinforce it*) actually; definitely	6
	不料	búliào	（连）	unexpectedly; to one's surprise	6

不管	bùguǎn	（连）	no matter (what, how, etc.); regardless of	7
不约而同	bùyuē'értóng		(of two or more persons) to do or think the same without prior consultation; to happen to coincide	11
不知不觉	bùzhī-bùjué		unconsciously; unwittingly	8
部分	bùfen	（名）	part; section	3
C 彩虹	cǎihóng	（名）	rainbow	4
操作	cāozuò	（动）	to operate	10
草原	cǎoyuán	（名）	grassland; prairie	11
差	chà	（形）	bad	7
场	cháng	（量）	*a measure word for events, etc.*	3
唱片	chàngpiàn	（名）	disc	11
朝	cháo	（介）	(*indicating the direction of a movement*) towards; in the direction of	11
吵架	chǎo jià	（动）	to quarrel	6
车胎	chētāi	（名）	tire	12
成功	chénggōng	（动、形）	to succeed; successful	4
成就	chéngjiù	（名）	success; achievement	13
成语	chéngyǔ	（名）	idiom	7
诚心诚意	chéngxīn-chéngyì		earnestly and sincerely	12
程序	chéngxù	（名）	program; procedure	10
橙红	chénghóng	（形）	orange (color)	11
吃力	chīlì	（形）	strenuous; painstaking	12
吃力不讨好	chīlì bù tǎohǎo		to do a hard but thankless job	12
充满	chōngmǎn	（动）	to cram; to be full of	3
出气	chū qì	（动）	to give vent to one's anger	10
出事	chū shì	（动）	to meet with a mishap	13
初中	chūzhōng	（名）	junior high school	13

橱窗	chúchuāng	（名）	show window	2
传	chuán	（动）	to convey; to spread	6
船	chuán	（名）	boat; ship	3
串	chuàn	（量）	(*a measure word for a string of things*) string; bunch	6
吹	chuī	（动）	to play (a wind instrument)	7
吹牛	chuī niú	（动）	to boast; to brag; to talk big	7
春装	chūnzhuāng	（名）	spring clothes	3
慈善家	císhànjiā	（名）	philanthropist	9
刺	cì	（动）	to stab; to prick	7
聪明	cōngming	（形）	smart; clever	8
从	cóng	（副）	(*used before a negative*) ever	4
从此	cóngcǐ	（副）	from this time onwards; from then on	10
从前	cóngqián	（名）	past	7
粗	cū	（形）	rough	5
存在	cúnzài	（动）	to exist	11
D 打	dǎ	（动）	to fight; to beat	3
打交道	dǎ jiāodao		to come into (or make) contact with; to have dealings with	5
打气	dǎ qì	（动）	to inflate; to pump up (a ball or tire, etc.)	12
打雪仗	dǎ xuězhàng		to have a snowball fight; to throw snowballs at each other	3
打印机	dǎyìnjī	（名）	printer	10
打招呼	dǎ zhāohu		to greet sb.; to say hello	5
大方	dàfang	（形）	natural and poised; easy; unaffected	8
大街	dàjiē	（名）	main street	3
待	dāi	（动）	to stay	8
带	dài	（动）	to take care of; to bring up	13

担当	dāndāng	（动）	to undertake	10
单亲	dānqīn	（形）	single-parent	13
单身	dānshēn	（名）	single person; unmarried person	12
淡	dàn	（形）	light	8
当	dāng	（介）	just at (a time or place)	6
当初	dāngchū	（名）	originally; at that time	9
当时	dāngshí	（名）	at that time; then	4
当作	dàngzuò	（动）	to regard as; to consider as	10
到底	dàodǐ	（副）	on earth; at last; finally	9
道	dào	（动）	to say; to talk; to speak	12
道路	dàolù	（名）	road; way	4
道歉	dào qiàn	（动）	to apologize; to make an apology after realizing one is in the wrong	12
道谢	dào xiè	（动）	to express thanks	12
得到	dédào	（动）	to get; to obtain; to gain; to receive	9
得意	déyì	（形）	pleased with oneself; proud of oneself	12
等	děng	（助）	and so on; etc.	2
等待	děngdài	（动）	to wait; to expect	5
瞪	dèng	（动）	to glare; to stare	12
低	dī	（形）	low	6
低声	dī shēng		in a low voice	6
地	dì	（名）	field; land	13
地道	dìdao	（形）	pure; real; up to standard	5
地面	dìmiàn	（名）	ground	5
地球	dìqiú	（名）	the earth	11
地区	dìqū	（名）	region; area	3
地图	dìtú	（名）	map	4
电子信箱	diànzǐ xìnxiāng		electronic mailbox	8

丢	diū	（动）	to put or lay aside	7
冬衣	dōngyī	（名）	winter clothes	3
懂事	dǒngshì	（形）	sensible; thoughtful	13
冻	dòng	（动）	to feel very cold; to be frostbitten; to freeze	3
逗	dòu	（动）	to provoke (laughter, etc.); to amuse	1
毒药	dúyào	（名）	poison	6
独立	dúlì	（动）	to be independent	1
独生女	dúshēngnǚ	（名）	only daughter	1
独奏	dúzòu	（动）	to play a solo	7
段	duàn	（量）	(*a measure word*) duration (of time); distance; paragraph; passage; part	4
堆	duī	（动）	to pile up; to stack	3
堆雪人（儿）	duī xuěrénr		to build a snowman	3
对面	duìmiàn	（名）	opposite; right in front	4
对于	duìyú	（介）	with regard to; concerning; to	1
盾	dùn	（名）	shield	7
多半	duōbàn	（副）	the greater part; more likely	1
多么	duōme	（副）	what; how; to a great extent	3

E

儿女	érnǚ	（名）	son(s) and daughter(s); children	9
儿子	érzi	（名）	son	7
而	ér	（连）	(*used to connect two elements opposite in meaning that show a contrast*) but; (*used to connect two parts that are consistent in meaning*) and	1

F

发动	fādòng	（动）	to start; to launch	5
翻来覆去	fānlái-fùqù		to toss and turn	8
反而	fǎn'ér	（副）	on the contrary; instead	13

反问	fǎnwèn	（动）	to ask (a question) in reply; to retort	10
犯	fàn	（动）	to make or commit (a mistake)	10
方向	fāngxiàng	（名）	direction	5
放心	fàng xīn	（动）	to set one's mind at rest	1
飞碟	fēidié	（名）	UFO (unidentified flying object)	11
分别	fēnbié	（副）	respectively; separately	2
分别	fēnbié	（动）	to part; to leave; to say goodbye to each other	4
分享	fēnxiǎng	（动）	to share	6
愤怒	fènnù	（形）	angry; furious	10
风雨	fēngyǔ	（名）	wind and rain; trials and hardships	4
封	fēng	（量）	*a measure word for sth. sealed*	2
锋利	fēnglì	（形）	sharp	7
抚养	fǔyǎng	（动）	to bring up; to raise	9
付	fù	（动）	to pay	5
付出	fùchū	（动）	to pay; to give	4
复印机	fùyìnjī	（名）	photocopier	10
副	fù	（量）	*a measure word for facial expressions*	7
副业	fùyè	（名）	sideline; side occupation	13
富强	fùqiáng	（形）	prosperous and strong	9
富翁	fùwēng	（名）	man of wealth	9
G 改变	gǎibiàn	（动）	to change	1
改天	gǎitiān	（副）	some other day	10
尴尬	gāngà	（形）	awkward; unnatural; embarrassed	6
感激	gǎnjī	（动）	to feel grateful; to be indebted	9
高声	gāo shēng		aloud; loudly	6
高中	gāozhōng	（名）	senior high school	13

歌手	gēshǒu	（名）	singer	13
隔壁	gébì	（名）	neighbor; next door	6
个人	gèrén	（名）	(*as opposed to* "*the collective*") individual person	9
个子	gèzi	（名）	height	2
根本	gēnběn	（副、名、形）	at all; source; fundamental	7
更加	gèngjiā	（副）	more	12
工程	gōngchéng	（名）	project	9
公开	gōngkāi	（动、形）	to make public; public	8
公里	gōnglǐ	（量）	kilometer	11
姑娘	gūniang	（名）	girl	3
古老	gǔlǎo	（形）	ancient; age-old	1
鼓励	gǔlì	（动）	to encourage	4
顾客	gùkè	（名）	customer	7
瓜	guā	（名）	melon	3
刮目相看	guāmù-xiāngkàn		to treat sb. with increased respect; to look at a person with new eyes	10
关心	guānxīn	（动）	to have sb. or sth. on one's mind; to pay great attention to and care for; to be concerned about	2
光束	guāngshù	（名）	light beam	11
逛	guàng	（动）	to go for a walk; to stroll	12
国外	guówài	（名）	overseas; abroad	1
国王	guówáng	（名）	king	7
果	guǒ	（名）	fruit	3
果然	guǒrán	（副）	as expected; sure enough; really	1

H

哈哈大笑	hāhā-dàxiào		to laugh	1
喊	hǎn	（动）	to shout; to cry out	7
好不	hǎobù	（副）	very; extremely	12

好玩儿	hǎowánr	（形）	amusing; interesting	2
好像	hǎoxiàng	（副）	to look as if; to seem like	4
好心	hǎoxīn	（名）	kindness; kind heart	9
好在	hǎozài	（副）	fortunately; luckily	13
合奏	hézòu	（动）	to have an instrumental ensemble	7
盒	hé	（量）	box	12
横	héng	（动）	to be horizontal	11
横	héng	（动）	to steel (one's heart)	12
红人	hóngrén	（名）	favorite person with sb. in power	10
吼	hǒu	（动）	to shout	12
后	hòu	（名）	after; afterwards	2
后来	hòulái	（名）	later; afterwards	5
湖	hú	（名）	lake	3
划	huá	（动）	to row	3
划船	huá chuán		to row a boat	3
话题	huàtí	（名）	topic	9
缓慢	huǎnmàn	（形）	slow	2
黄	huáng	（形）	yellow	2
挥	huī	（动）	to wave	1
回报	huíbào	（动）	to repay; to requite	9
回答	huídá	（动）	to answer; to reply	5
回头	huítóu	（副）	after a while; soon	5
回忆	huíyì	（动）	to recall; to think back	9
混	hùn	（动）	to mix; to mingle	7
火锅（儿）	huǒguōr	（名）	hotpot; chafing dish	3
J 几乎	jīhū	（副）	all but; almost; close to	5
基本	jīběn	（形、副）	essential; fundamental; basically	2
基本上	jīběnshang	（副）	basically	2

激动	jīdòng	（形）	exciting; excited	11
疾病	jíbìng	（名）	disease	2
技巧	jìqiǎo	（名）	skill	10
既……又……	jì……yòu……		both... and...; as well as	10
既然	jìrán	（连）	since; now that	7
加	jiā	（动）	to add; to plus	8
加班	jiā bān	（动）	to work overtime	10
家伙	jiāhuo	（名）	fellow; guy	8
家教	jiājiào	（名）	family tutor	13
家务	jiāwù	（名）	household duties	13
价钱	jiàqian	（名）	price	5
坚固	jiāngù	（形）	strong; solid; firm	7
坚强	jiānqiáng	（形）	strong; firm	4
艰苦	jiānkǔ	（形）	hard; difficult	4
兼	jiān	（动）	simultaneously; concurrently	13
简直	jiǎnzhí	（副）	simply; at all	4
见面	jiàn miàn	（动）	to meet; to see	5
健康	jiànkāng	（形）	healthy	2
渐渐	jiànjiàn	（副）	gradually; little by little	11
交	jiāo	（动）	to associate with; to be friends with	2
交谈	jiāotán	（动）	to come in contact and talk; to chat	4
郊外	jiāowài	（名）	outskirts; countryside around a city	3
叫卖	jiàomài	（动）	to cry one's wares; to peddle	7
接	jiē	（动）	to meet; to bring; to take	13
今后	jīnhòu	（名）	in future; from now on	1

	尽管	jǐnguǎn	（连、副）	although; in spite of	12
	尽量	jǐnliàng	（副）	to the best of one's ability; as far as possible	8
	惊呆	jīngdāi		to be stunned; to be stupefied	11
	景色	jǐngsè	（名）	scenery; view; scene	3
	警惕	jǐngtì	（动）	to be on guard against	6
	竟然	jìngrán	（副）	unexpectedly; to one's surprise	6
	举	jǔ	（动）	to lift; to raise; to hold up	7
	巨大	jùdà	（形）	huge	11
	捐	juān	（动）	to donate	9
	君子	jūnzǐ	（名）	man of virtue	10
K	开朗	kāilǎng	（形）	sanguine; optimistic	8
	开夜车	kāi yèchē		to burn the midnight oil; to work late into the night	10
	考虑	kǎolǜ	（动）	to consider	1
	颗	kē	（量）	*a measure word for small and round things*	6
	可能性	kěnéngxìng	（名）	possibility	11
	可笑	kěxiào	（形）	ridiculous; absurd; funny	4
	刻苦	kèkǔ	（形）	hard-working	10
	课外	kèwài	（名）	extracurricular; after school	2
	口头语	kǒutóuyǔ	（名）	pet phrase	5
	快速	kuàisù	（形）	speedy	11
	筷子	kuàizi	（名）	chopsticks	2
L	拉链（儿）	lāliànr	（名）	zipper	12
	来	lái	（名）	up to the present	6
	来自	láizì	（动）	to come from	2

滥竽充数	lànyú-chōngshù		(of incompetent people or inferior goods) to be there just to make up the number; to mess up the number with sth. inferior	7
老大	lǎodà	（名）	eldest child	13
愣	lèng	（动）	to be dumbfounded; to be stunned	5
离别	líbié	（动）	to leave; to depart	1
离婚	lí hūn	（动）	to divorce	9
理	lǐ	（动）	(*usually used in the negative*) to pay attention to; to speak to	5
理想	lǐxiǎng	（名、形）	imagination or hope for the future; ideal	4
立刻	lìkè	（副）	immediately; at once; right away	8
连忙	liánmáng	（副）	hastily; hurriedly; promptly	11
连声	liánshēng	（副）	to say repeatedly; to say again and again	12
联系	liánxì	（动）	to contact	1
脸	liǎn	（名）	face	9
恋爱	liàn'ài	（动、名）	to be in love; mutual love between a man and a woman	8
恋恋不舍	liànliàn-bùshě		unwilling to part with	1
料	liào	（动）	to foresee; to anticipate	8
邻	lín		adjacent; neighbor	5
邻居	línjū	（名）	neighbor	6
林荫道	línyīndào	（名）	avenue; boulevard	12
临	lín	（介）	just before	1
临了（儿）	línliǎor	（副）	finally; in the end	5
溜	liū	（动）	to sneak (away)	7
留	liú	（动）	to remain; to stay	10
路	lù	（名）	line; route	5

露	lù	（动）	to show	6
旅途	lǚtú	（名）	on a journey; during a trip	4
落	luò	（动）	to fall	11
M 马大哈	mǎdàhā	（名）	careless and forgetful person	12
埋怨	mányuàn	（动）	to complain; to blame	10
瞒	mán	（动）	to hide the truth from	1
毛病	máobìng	（名）	flaw; problem	10
矛	máo	（名）	spear	7
矛盾	máodùn	（动、形、名）	to contradict; contradictory; contradiction	7
贸易	màoyì	（名）	trade	10
没脸	méi liǎn	（动）	to be embarrassed	13
没准儿	méi zhǔnr	（动）	who knows; probably	5
每	měi	（副）	every; each	3
美	měi	（形）	beautiful	3
美好	měihǎo	（形）	fine; good	9
美丽	měilì	（形）	beautiful	3
梦	mèng	（名、动）	dream; to dream	4
梦想	mèngxiǎng	（名、动）	dream; to dream	4
秘密	mìmì	（名）	secret	8
免得	miǎnde	（连）	so as not to; so as to avoid	12
免费	miǎn fèi	（动）	to be free of charge	10
民航	mínháng	（名）	civil aviation	5
名片	míngpiàn	（名）	name card	5
明白	míngbai	（动、形）	to know; to understand; sensible; clear	11
默默	mòmò	（副）	quietly; silently	8
N 拿	ná	（介）	*used to introduce the object*	3
哪怕	nǎpà	（连）	even if	13

男孩儿	nánháir	（名）	boy	8
男朋友	nánpéngyou	（名）	boyfriend	8
难得	nándé	（形）	rare; hard to come by	11
难免	nánmiǎn	（形）	unavoidable; bound to happen	12
内	nèi	（名）	in; within	13
能力	nénglì	（名）	competence; ability	10
鸟	niǎo	（名）	bird	1
捏	niē	（动）	to hold between the finger and thumb; to pinch	6
农活儿	nónghuór	（名）	farm work	13
弄	nòng	（动）	to do; to manage; to handle	10
女儿	nǚ'ér	（名）	daughter	4
女孩儿	nǚháir	（名）	girl	8
女朋友	nǚpéngyou	（名）	girlfriend	8
O 偶然	ǒurán	（副、形）	accidentally; accidental	10
P 趴	pā	（动）	to lie on one's stomach	12
拍	pāi	（动）	to take (a photo)	2
拍	pāi	（动）	to pound; to hit	10
陪读	péidú	（动）	to accompany a person studying at school	13
赔	péi	（动）	to pay for; to compensate	12
嘭	pēng	（象）	bang	12
捧	pěng	（动）	to hold in both hands	8
拼命	pīnmìng	（副）	with all one's might; desperately	1
贫穷	pínqióng	（形）	poor	9
平安	píng'ān	（形）	safe and sound	3
平淡	píngdàn	（形）	flat; insipid	5
葡萄	pútao	（名）	grape	6
普通	pǔtōng	（形）	common; ordinary	8

Q	其实	qíshí	（副）	actually; in fact	5
	其中	qízhōng	（名）	among; of; in	7
	起劲（儿）	qǐjìnr	（形）	energetic; enthusiastic (in work, games, etc.)	12
	气筒	qìtǒng	（名）	inflator	12
	敲	qiāo	（动）	to knock	8
	瞧	qiáo	（动）	to look	7
	亲爱	qīn'ài	（形）	dear	3
	亲切	qīnqiè	（形）	warm; close; affectionate; kind	8
	亲人	qīnrén	（名）	relative; one's family member(s)	4
	勤劳	qínláo	（形）	industrious; hard-working	3
	青年	qīngnián	（名）	youth; young person	12
	轻松	qīngsōng	（形）	relaxed; not feeling nervous	3
	晴	qíng	（形）	sunny; clear; fine	12
	穷	qióng	（形）	poor	9
	取得	qǔdé	（动）	to get; to gain	4
	去世	qùshì	（动）	to die; to pass away	13
	权力	quánlì	（名）	power	9
R	热爱	rè'ài	（动）	to love deeply	3
	人生	rénshēng	（名）	life	4
	任何	rènhé	（代）	any	7
	仍然	réngrán	（副）	still	8
	日子	rìzi	（名）	day; date	5
	柔和	róuhé	（形）	soft; gentle; mild	2
	如今	rújīn	（名）	now; today; at present	3
	入迷	rù mí	（动）	to be enchanted	7
	入睡	rùshuì	（动）	to fall asleep	11
	瑞雪兆丰年	ruìxuě zhào fēngnián		a timely snow promises a good harvest; a snowy year, a rich year	3

S

塞	sāi	（动）	to fill in; to stuff	1
森林	sēnlín	（名）	forest	11
闪	shǎn	（动）	to twinkle	11
善良	shànliáng	（形）	good and honest; kind-hearted	3
商业	shāngyè	（名）	business	10
上	shàng	（名）	preceding (in order or time)	2
设计	shèjì	（动）	to design	10
身边	shēnbiān	（名）	at (or by) one's side	13
神奇	shénqí	（形）	magical	11
甚至	shènzhì	（连）	even	10
升职	shēng zhí	（动）	to be promoted to a higher position	10
生物	shēngwù	（名）	living thing; living being	11
生意	shēngyi	（名）	business	6
失败	shībài	（动）	to fail	4
失恋	shī liàn	（动）	(of sb. in love) to lose the love of the other party; to be disappointed in love affairs	8
失去	shīqù	（动）	to lose; not to have any more	4
失学	shī xué	（动）	to be deprived of education	9
诗	shī	（名）	poem; poetry	2
实话	shíhuà	（名）	truth	1
实现	shíxiàn	（动）	to realize; to fulfil; to come true	1
实在	shízài	（形、副）	sincere; really	5
事情	shìqing	（名）	thing	1
视频	shìpín	（名）	video	1
适应	shìyìng	（动）	to suit; to adapt to	2
收	shōu	（动）	to collect	12
收成	shōucheng	（名）	harvest; crop	3

收获	shōuhuò	（名、动）	harvest; to harvest	6
收入	shōurù	（名）	income	9
手指	shǒuzhǐ	（名）	finger	6
守	shǒu	（动）	to stay (with sb.)	13
书包	shūbāo	（名）	schoolbag	9
书画	shūhuà	（名）	painting and calligraphy	2
舒展	shūzhǎn	（形）	stretched	2
熟练	shúliàn	（形）	proficient	10
熟悉	shúxi	（形）	familiar	5
数	shǔ	（动）	to be reckoned as exceptionally (good or bad, etc.) by comparison	3
束	shù	（量）	(*a measure word*) bundle; bunch; sheaf	8
甩	shuǎi	（动）	to dump (a boyfriend/girlfriend)	8
双	shuāng	（量）	pair	12
双职工	shuāngzhígōng	（名）	working couple	12
顺路	shùnlù	（副、形）	passingly; on the way	5
死	sǐ	（动、形）	to die; dead	7
速度	sùdù	（名）	speed	11
酸甜苦辣	suān-tián-kǔ-là		sour, sweet, bitter, hot; joys and sorrows of life	4
所	suǒ	（量）	*a measure word for houses, schools, hospitals, etc.*	4
T 太太	tàitai	（名）	wife	5
太阳	tàiyáng	（名）	sun	11
态度	tàidu	（名）	attitude; manner	10
讨好	tǎo hǎo	（动）	to fawn on; to bow and scrape	12
提高	tígāo	（动）	to improve	10
体质	tǐzhì	（名）	physique; constitution	2

条件	tiáojiàn	（名）	condition	9
跳	tiào	（动）	to jump	6
听从	tīngcóng	（动）	to act at the will of others; to obey; to comply with	10
听话	tīnghuà	（形）	obedient	13
同时	tóngshí	（名）	at the same time; meanwhile	5
统一	tǒngyī	（形、动）	unified; to unify	9
痛快	tòngkuai	（形）	simple and direct	11
头儿	tóur	（名）	head; boss	10
透	tòu	（动）	to penetrate	7
突然	tūrán	（形、副）	sudden; suddenly	8
团结	tuánjié	（形）	united; solidarized	2
推	tuī	（动）	to push; to concentrate strength in a forward direction to make an object or a part of an object move	12
推辞	tuīcí	（动）	to refuse; to turn down; to decline (an appointment, invitation, present, etc.)	5
退缩	tuìsuō	（动）	to shrink back; to hold back	4
脱	tuō	（动）	to take off	3
W 外交	wàijiāo	（名）	diplomacy	8
完全	wánquán	（副、形）	entirely; all; whole	9
望	wàng	（动）	to look at; to look over	1
微笑	wēixiào	（动）	to smile	8
围	wéi	（动）	to enclose; to surround	3
味道	wèidao	（名）	taste	11
温暖	wēnnuǎn	（形）	warm	5
文件	wénjiàn	（名）	document	10
问候	wènhòu	（动）	to send one's regards to; to say hello to	8

X

无比	wúbǐ	（动）	to be incomparable	7
无聊	wúliáo	（形）	bored	8
吸引	xīyǐn	（动）	to attract	7
喜悦	xǐyuè	（形）	joyous; happy	6
系	xì	（名）	department	4
吓	xià	（动）	to frighten	7
仙境	xiānjìng	（名）	wonderland, fairland	11
鲜花	xiānhuā	（名）	(fresh) flower	3
鲜美	xiānměi	（形）	delicious; tasty	11
显得	xiǎnde	（动）	to look; to seem; to appear	3
想法	xiǎngfǎ	（名）	idea	1
想念	xiǎngniàn	（动）	to miss	1
向往	xiàngwǎng	（动）	to yearn for; to look forward to	3
项	xiàng	（量）	*a measure word for itemized things*	2
消息	xiāoxi	（名）	news; message	8
孝	xiào	（形）	filial piety	13
笑容	xiàoróng	（名）	smile; smiling expression	9
心爱	xīn'ài	（形）	loved; treasured; dear to one's heart	8
心事	xīnshì	（名）	sth. weighing on one's mind; worry	4
心疼	xīnténg	（动）	to make one's heart ache; to love dearly	12
薪	xīn	（名）	salary	10
信心	xìnxīn	（名）	confidence; faith; belief that one's wish or expectation is sure to come true	4
星星	xīngxing	（名）	star	11
行为	xíngwéi	（名）	behavior	9

性别	xìngbié	（名）	gender; sex	13
姓名	xìngmíng	（名）	family name and given name; full name	13
修理	xiūlǐ	（动）	to repair; to mend	10
许多	xǔduō	（数）	many	6
悬	xuán	（动）	to hang	11
选择	xuǎnzé	（动）	to choose; to select	4
学院	xuéyuàn	（名）	college	13
寻常	xúncháng	（形）	usual; ordinary	11
Y 压	yā	（动）	to press	12
眼泪	yǎnlèi	（名）	tear	1
羊肉	yángròu	（名）	mutton	11
养	yǎng	（动）	to support; to provide for	9
耀眼	yàoyǎn	（形）	dazzling	11
叶子	yèzi	（名）	leaf	6
一辈子	yíbèizi	（名）	all one's life	13
以	yǐ	（介）	with; by means of	13
以……为主	yǐ……wéi zhǔ		to take... as the main...	13
以为	yǐwéi	（动）	to think; to believe	11
一连	yìlián	（副）	in a row; in succession; running	8
一齐	yìqí	（副）	at the same time; simultaneously; in unison	7
一起	yìqǐ	（名）	together	8
一时	yìshí	（名）	a moment	13
意外	yìwài	（形、名）	unexpected; unforeseen; accident	6
意义	yìyì	（名）	significance; meaning	4
因此	yīncǐ	（连）	so; therefore; for this reason	1
阴	yīn	（形）	overcast; cloudy	12
拥有	yōngyǒu	（动）	to possess; to have; to own	9

永远	yǒngyuǎn	（副）	always; forever	9
优美	yōuměi	（形）	graceful; fine	2
忧愁	yōuchóu	（形）	worried; troubled	8
犹豫	yóuyù	（形）	hesitant	5
游人	yóurén	（名）	visitor; sightseer; tourist	3
友好	yǒuhǎo	（形）	friendly	3
有说有笑	yǒushuō-yǒuxiào		to talk and laugh	8
竽	yú	（名）	an ancient wind instrument	7
宇宙	yǔzhòu	（名）	universe	11
预防	yùfáng	（动）	to take precautions against; to guard against; to forestall	2
愿	yuàn	（动）	to hope; to wish; to like	3
愿望	yuànwàng	（名）	desire; wish; aspiration	1
乐队	yuèduì	（名）	orchestra; band	7
乐器	yuèqì	（名）	musical instrument	7
Z 再说	zàishuō	（动）	to talk about sth. later; not to deal with sth. till some time later	5
赞成	zànchéng	（动）	to approve of; to favor; to agree with	4
增强	zēngqiáng	（动）	to strengthen; to enhance	2
摘	zhāi	（动）	to pick; to pluck	6
展出	zhǎnchū	（动）	to exhibit; to display; to show; to put on display	2
站	zhàn	（动）	to stand	2
丈夫	zhàngfu	（名）	husband	6
招手	zhāo shǒu	（动）	to wave one’s hand	5
照顾	zhàogù	（动）	to look after	13
照亮	zhàoliàng		to light up; to illuminate	11
真正	zhēnzhèng	（形）	real; genuine	6
整个	zhěnggè	（形）	whole	8

之后	zhīhòu	（名）	after that; afterwards	5
职业	zhíyè	（名）	occupation	13
只见	zhǐ jiàn		to only see	11
指	zhǐ	（动）	to point at	12
至今	zhìjīn	（副）	up to now; to this day	5
至于	zhìyú	（介）	as for; as to	5
智能	zhìnéng	（名）	intelligence	11
终于	zhōngyú	（副）	finally; at last	1
种地	zhòng dì	（动）	to engage in farming; to be a farmer	13
重任	zhòngrèn	（名）	important task	10
重视	zhòngshì	（动）	to attach importance to; to think much of; to put, lay and place emphasis on; to regard highly	10
洲	zhōu	（名）	continent	2
竹子	zhúzi	（名）	bamboo	2
主动	zhǔdòng	（形）	on one's own initiative; voluntary	5
嘱咐	zhǔfù	（动）	to enjoin; to advise; to urge	1
注视	zhùshì	（动）	to gaze at	6
著名	zhùmíng	（形）	famous; well-known	4
抓	zhuā	（动）	to grab; to seize; to clutch; to catch; to arrest	11
专	zhuān	（副）	only	7
专业	zhuānyè	（名、形）	special field of study; professional	4
装	zhuāng	（动）	to pretend	9
滋味	zīwèi	（名）	feeling	8
紫	zǐ	（形）	purple	6
自	zì	（介）	from	2
自立	zìlì	（动）	to stand on one's own feet; to be independent	13

自然	zìrán	（形、名）	natural; unaffected; at ease; not rigid; nature	8
自相矛盾	zìxiāng-máodùn		paradoxical; self-contradictory	7
自在	zìzài	（形）	unrestrained; free	1
总得	zǒngděi	（副）	must; to have to; to be bound to	13
总之	zǒngzhī	（连）	in a word	13
走运	zǒu yùn	（形）	lucky	12
足	zú	（形）	sufficient	10
祖国	zǔguó	（名）	homeland; motherland	9
嘴	zuǐ	（名）	mouth	6
最初	zuìchū	（名）	at first; originally	13
左顾右盼	zuǒgù-yòupàn		to look around; to glance right and left	5
作用	zuòyòng	（名、动）	impact; result; to act on; to affect	2

专有名词
Proper Nouns

北海	Běi Hǎi	Beihai Park	3
大刘	Dà Liú	Da Liu, name of a person	11
大洋洲	Dàyángzhōu	Oceania	2
非洲	Fēizhōu	Africa	2
复兴门	Fùxīng Mén	Fuxingmen, a place in Beijing	5
高明	Gāo Míng	Gao Ming, name of a person	13
国庆节	Guóqìng Jié	National Day	3

建国门	Jiànguó Mén	Jianguomen, a place in Beijing	5
克风	Kè Fēng	Ke Feng, name of a person	13
李文	Lǐ Wén	Li Wen, name of a person	13
美洲	Měizhōu	America(s)	2
南郭先生	Nánguō xiānsheng	Mr. Nanguo	7
南京	Nánjīng	Nanjing, the capital of Jiangsu Province	4
十三陵	Shísān Líng	the Ming Tombs	3
唐	Táng	Tang Dynasty (618—907)	2
乌鲁木齐	Wūlǔmùqí	Urumqi, the capital of Xinjiang	11
西直门	Xīzhí Mén	Xizhimen, a place in Beijing	5
希望工程	Xīwàng Gōngchéng	Project Hope	9
香山	Xiāng Shān	Fragrant Hills Park	3
新疆	Xīnjiāng	Xinjiang Uygur Autonomous Region of China	11
亚洲	Yàzhōu	Asia	2
余辉	Yú Huī	Yu Hui, name of a person	8
赵霞	Zhào Xiá	Zhao Xia, name of a person	8
中国民航	Zhōngguó Mínháng	CAAC (Civil Aviation Administration of China)	5

版权声明